クラフティは
新潟アルビレックスBCを
応援しています
Crafty
OA機器・映像／音響機器レンタルリース
映像制作／配信・スタジオレンタル
株式会社クラフティ

NIIGATA ALBIREX BASEBALL CLUB OFFICIAL YEAR BOOK 2022

新潟アルビレックス・ベースボール・クラブ オフィシャルイヤーブック2022

CONTENTS

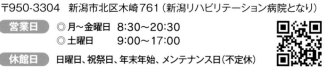

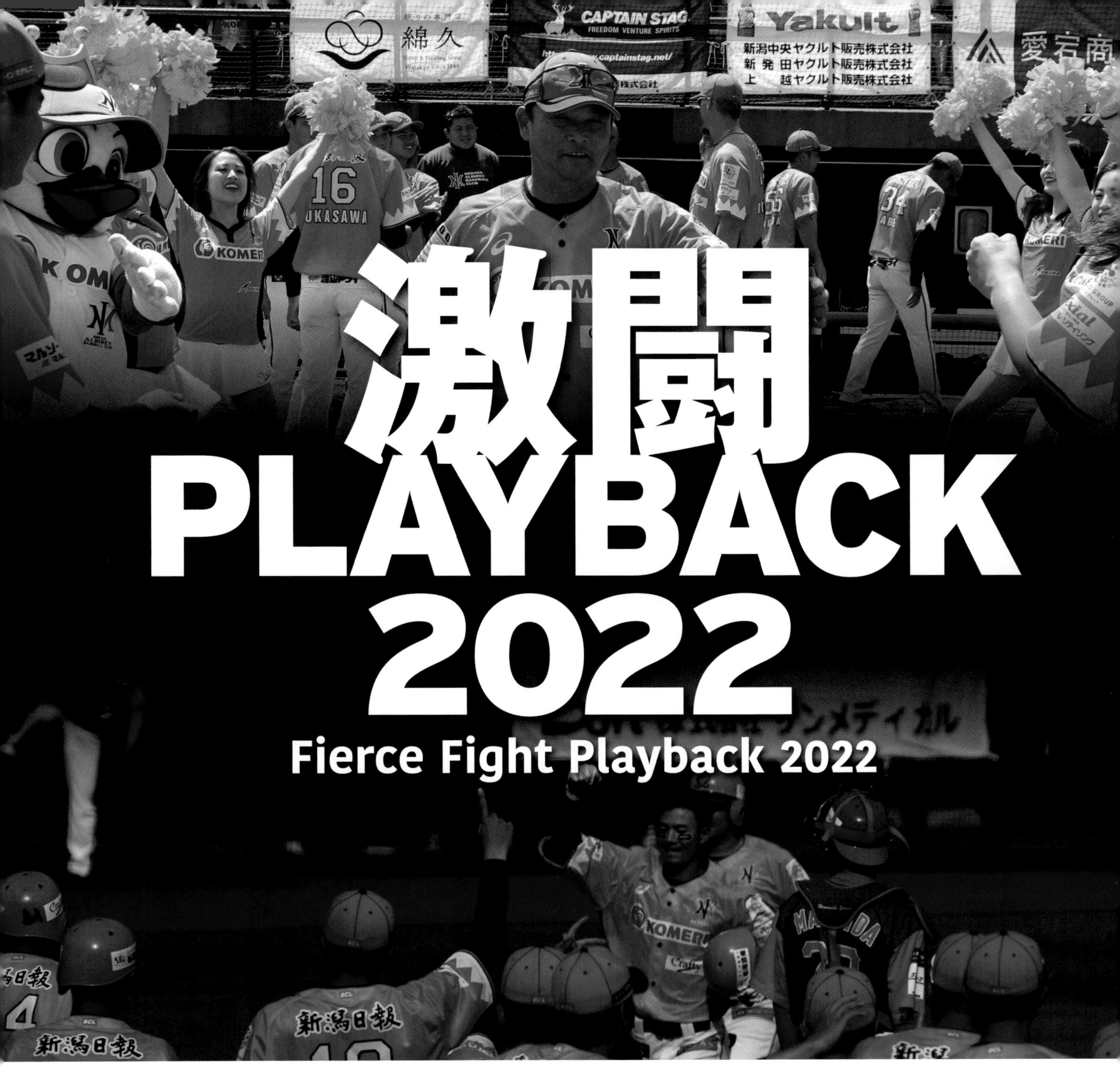

激闘 PLAYBACK 2022

Fierce Fight Playback 2022

2022年の新潟アルビレックス・ベースボール・クラブ(BC)は全64試合を戦い、30勝28敗6分で3年ぶりに勝ち越し、北地区2位で7年ぶりにプレーオフ(地区チャンピオンシップ)進出を果たした。序盤戦は投手陣が打ち込まれる試合が続いたが、シーズン中盤から打線が活発になり、リーグトップとなるチーム打率・286という数字を残した。終盤は新人の先発陣が安定して投打がかみ合い、7連勝をマークした。一方でリーグ優勝した信濃とは北地区で7ゲーム差がついた。来季も指揮を執る橋上秀樹監督のもと、2023年は打倒・信濃で8年ぶりのリーグ優勝、そして11年ぶりの独立リーグ日本一を目指す。

開幕前から飛躍の予感も
シーズン序盤は先発陣が踏ん張れず

9月10日、信濃との北地区優勝を懸けたチャンピオンシップ第1戦。0対2の劣勢で迎えた6回に新人の佐藤拓実がソロ本塁打を放つ。3点を追う9回2死2塁から、新人四番の小池智也が左中間に2ランを放って1点差まで迫った。新潟から駆け付けたサポーターはチームの諦めない戦いぶりに盛り上がった。あと一歩、あと1点及ばなかったが、近年なかった最後の最後までワクワクさせる新潟の戦いぶりは、常勝軍団復活への足掛かりとなるシーズンを象徴するものだったといえる。

開幕前からチーム飛躍の予感があった。大卒を中心に10人の新人選手と3人の練習生が加入。中でも東京六大学野球出身の2人……小池は法政大で四番を任された経験を持ち、片山悠は立教大出身の捕手と、即戦力候補として注目を集めた。3月4日には2013年のドラフト1位で昨季までオリックスに所属していた吉田一将の入団が発表され、新潟のサポーターだけでなく野球ファンも驚いた。大きく負け越した昨季からの逆襲を期待させた。

今季のキャンプ(全体練習)は、3月10日から新潟市のハードオフ・エコスタジアム(エコスタ)でスタート。12日からは高知に移動し、8日間で練習と四国・高知ファイティングドッグスとの実戦2試合を積み重ねた。監督に復帰して2季目(通算3季目)となる橋上秀樹監督(元ヤクルトなど)は「暖かく、選手の動きもよかった」と手応えを語っていた。こちらも2季目となる野間口貴彦チーム強化アドバイザー兼投手コーチ(元巨人)が大卒新人を含めた投手陣の底上げを図った。

4月9日の開幕戦はビジターで信濃との対戦だった。開幕投手に抜てきされた3年目の田村颯瀬は立ち上がりから直球と変化球のキレが抜群で、8回まで無失点の好投を見せた。打線は3回1死満塁から今季キャプテンを務める阿部一心の犠飛で1点を先制。1対0とリードして最終回を迎えた。しかし9回裏、二番手で登板した新人の上村知輝が死球と内野安打などで無死1、3塁のピンチを迎える。野選で追い付かれ、なお無死1、2塁からサヨナラ打を浴びて逆転サヨナラ負け。開幕戦勝利とはならなかった。

翌日、ホーム開幕戦となる長岡市悠久山野球場での信濃戦では先発した中園大樹が5回途中まで4失点。その後も相手に得点を与えて1対9となり、今季から北地区同士の対戦で導入されたコールド制が初適用となり8回コールド負け。開幕は連敗スタートとなった。

今季初勝利は3戦目のホーム・エコスタでの群馬戦だった。初回1死3塁から熊倉凌の犠飛で先制。5回には新人・片山の適時打、6回には熊谷航の適時打で追加点を挙げた。投手陣は先発の田村から新人の小林駿、原田健太とつなぎ、最後は8回2死満塁から吉田が登板してピシャリと抑え、3対1で逃げ切った。

4月は3勝5敗1分。先発投手が序盤から相手に打ち込まれて試合の主導権を渡してしまうケースが多かった。

5月3日のビジター群馬戦では初めての延長タイブレークの末、3対3の引き分けに。この試合では9回から登板した吉田がイニングをまたぐ形で10回も登板し、三者連続三振に抑える投球を見せた。5月は5勝8敗2分と負け越したものの、15日のホーム埼玉戦で阿部一のサヨナラ打で勝利を勝ち取るなど南地区4チームとの交流戦で4連勝。浮上の兆しも見えた。

夏場に投打の軸が急成長
終盤7連勝で7年ぶりのプレーオフ

6月に入り、巨人三軍との交流戦を1勝1敗で終えると、好調の打線がチームをけん引する。18日の群馬戦では、1点を追う5回1死満塁から松島恒陽の走者一掃となるフェンス直撃二塁打で逆転し、先発全員となる18安打、15得点で大勝した。29日の信濃戦では0対7で迎えた6回に松島のソロ本塁打、熊谷、熊倉の連続適時打、佐藤拓の3ランで追い上げ、8回に荒木友斗の逆転打で7点差をひっくり返して8対7で大逆転勝ち。6月は7勝5敗と勝ち越して締めくくった。

7月は投打で新人選手が急成長を遂げた。2日の佐藤池での福島戦では四番に座った小池が初回に2ラン、3回に安打、4回と5回に二塁打、そして6回に三塁打を放って、リーグ7人目となるサイクル安打を達成した。この試合は20対1(7回コールド)で大勝した。

その後、5連敗を喫したが、投手陣の軸として頭角を現したのが新人の下川隼佑。アンダーハンドから浮き上がる、威力ある直球を武器に18日の群馬戦では6回3失点で2勝目を挙げると、27日の群馬戦では二番手として2回から登板し5回を無失点の好投で3勝目を挙げた。

7月は4勝6敗1分と負け越したが、投打で明るい材料が見えたことで、8月、9月の大反撃につながった。

8月23日、新発田市五十公野球場のナイトゲームが進撃の呼び水だった。0対0で迎えた9回に熊倉のサヨナラ打で勝利するものの、翌24日のダブルヘッダーは1敗1分で2位・群馬とのゲーム差が3・5に開く。さらにチーム内に新型コロナウイルスの感染による離脱者が相次ぎ、絶体絶命のピンチを迎えた。

しかし、この苦しい状況の中でチームがひとつにまとまった。

27日の福島戦を新人の深澤史遠の力投で勝利すると、30日には群馬との直接対決を熊谷の本塁打を含む3安打3打点の活躍で制した。31日の三条での福島戦では0対0で迎えた延長タイブレークで、10回表に無死満塁のピンチを迎えるが、守護神・吉田が三振、三振、中飛で無失点に抑える執念の投球を見せると、10回裏に片山のサヨナラ打で劇的勝利を飾った。

そして9月3日、ビジターでの群馬とのダブルヘッダーを5対2、8対4で連勝し、遂に2位に浮上。4日のホーム最終戦の福島戦を終盤の集中打で9対4で勝利。5日の群馬戦を6対5の1点差で競り勝ち、劇的な終盤の7連勝で北地区2位を確定させ、実に7年ぶりとなるプレーオフ(地区チャンピオンシップ)進出を果たした。

冒頭に記したが、北地区チャンピオンシップは第1戦で惜しくも敗れ、リーグチャンピオンシップへは進めなかったものの、選手の成長とチームの進化を感じるシーズンとなった。

有望新人加入で来季競争激しく
橋上監督「必ず優勝する」

さて、来季2023年に向けて、すでにチームはスタートしている。

橋上監督、野間口コーチ、稲葉兼任コーチの指導体制は継続となる。橋上監督は10月30日のサポーター感謝デーで「必ず優勝する」と宣言。来季のV奪還はチームの至上命令となっている。

12月2日には新人選手9人の入団会見が開かれた。今年も昨年に引き続き大卒選手を中心に、練習生ながら最速146キロを誇る左腕・内田健太(創価大)、高卒唯一の新人で高い身体能力を誇る内野手・高義博(関西創価高)ら楽しみな素材が集まった。既に在籍している選手を含めて競争が激しくなり、チーム力の底上げが期待される。また、4年ぶりにNPBへ選手を送り出すこともチームにとっての目標となる。

BCLの来季の開幕は4月8日と発表されている。選手は冬の間、自主トレーニングで来季に備え、3月のキャンプで成長した姿を見せることになる。〝常勝新潟〟そして〝V奪還〟の1年となることを期待したい。

(文/岡田浩人)

終盤に勢い増した橋上野球で7年ぶりのプレーオフ進出 来季こそ「必ず優勝する」

監督

橋上　秀樹

HIDEKI HASHIGAMI

1965年11月4日生まれ（57歳）／181cm･90kg／右投･右打／AB型／千葉県出身／4年目　選手歴:船橋市立海神小→同･海神中→安田学園高→ヤクルトスワローズ→日本ハムファイターズ→阪神タイガース　指導者歴:東北楽天ゴールデンイーグルス→新潟アルビレックスBC（監督）→読売ジャイアンツ→東北楽天ゴールデンイーグルス→埼玉西武ライオンズ→東京ヤクルトスワローズ

73

チームは7年ぶりのプレーオフ進出を果たした。しかし指揮官は満足していない。2023年も引き続き新潟アルビレックスBCの指揮を執る橋上秀樹監督（57）はサポーター感謝デーで「来季は皆さんに必ず優勝をお届けする」と力強く宣言した。球団最長となる通算4年目となる来季、8年ぶりのV奪還、そして2012年以来となる日本一へ、一直線に進むシーズンとする。

悔い残るシーズン序盤も 中盤以降、投打の中心が成長

Q　22年シーズンは7年ぶりのプレーオフ進出を果たしました。一方で目指していた優勝には届きませんでした。

橋上監督（以下橋上）　シーズンが始まる前のキャンプは近年の中ではいい手応えがありました。開幕戦の信濃戦では先発した田村が非常にいい投球で内容はよかったのですが、勝たせてあげることができませんでした（1対2で逆転サヨナラ負け）。新入団選手が慣れるまで時間がかかり、スタートダッシュという意味では結果が出なかった。前半戦に信濃との試合数が多く、ウチの戦力的な体制が整う前に借金を多く抱えてしまいました。最終的には群馬、福島の2チームとは互角以上に戦えましたが、信濃への借金が返し切れませんでした（5勝11敗2分）。ある意味で信濃の地区優勝をさせた原因を作ってしまった。そこが大きな反省点でした。

Q　一方で終盤は7連勝。特に投手陣の力が上向いているのを感じました。

橋上　投手に関しては想像以上によかったですね。大卒新人の下川、上村、深澤、山田は最初苦労していましたが、シーズン中盤以降は既存の選手の不調を補って余りある力を出してくれました。欲を言えば最初から中盤以降の力を出してくれればシーズンの展開が変わったと思うくらい。特に下川は投げるたびに直球の力が上がって、試合をこなしていくうちに制球も球威も向上していき

INTERVIEW / HIDEKI HASHIGAMI

ました。上村、深澤、山田も来季は最初から力を出してくれれば、間違いなく優勝できると思っています。

Q　投手陣にとっては抑えの吉田一将投手の存在も大きかったですね。

橋上　そうですね。本当に絶体絶命のところで三者三振に仕留めたり、絶対的な投球を見せたりと、投手以外の他の選手にも安心感を与えました。今年から北地区では延長タイブレークがあり、本来ならガチガチの場面になるところを、吉田投手がマウンドにいるだけで野手も安心できたのではないでしょうか。

Q　攻撃面を振り返るといかがですか。

橋上　首位打者を獲りましたが、小池は最初なかなか順応できませんでした。そこで叱咤激励の意味を込めて「プライドを持て」「お前は東京六大学でやってきたのだから大学の名を落とすようなことがないように」というようなことを言いました。闘志が前面に出るタイプではないのですが、その後、練習に取り組む姿勢が変わり、率先してやるようになった自主練習では内容も濃いものになっていました。

Q　大卒新人の藤原選手も一、二番打者として打率を残しました。

橋上　一時は打率4割以上をキープし、「こんなに打つのか」と見ていましたが、夏以降打率が下がってしまいました。足の速さを生かして盗塁数と成功率でインパクトを残せるような数字を出せる指導をしていきたいですね。彼の場合はNPBを目指すにはポジションが大事。終盤にチーム事情で内野を守ってもらいましたが、来季は最初から二遊間ということで考えています。

Q　そのほか野手で期待する選手は。

橋上　来季3年目となる選手では荒木です。2年目では佐藤拓実。この2人が小池、藤原と同じくらいチームを引っ張っていく存在になってほしい。彼らは小池、藤原とは別の魅力を持っているのでスカウトからも名前が出ていました。来季が勝負だと思います。

Q　捕手は今季と同じ3人体制が続きます。

橋上　片山は慎重な性格で、大卒1年目の今季は変わった環境に順応するのに時間がかかったように見えます。打撃も思い切りが出てきて2年目は大きく飛躍できる可能性があるのではないでしょうか。齋藤はもうベテランでこのリーグのことを熟知している。奥田もどこでも器用に守ってくれますし打撃でも成績も残してくれる。誰か一人を固定という形ではなく、三者三様の競争をしっかりしてもらいたいと思います。

激しさ増すチーム内競争
来季は盤石な試合運びで優勝を

Q　今季は30勝28敗6分で、久しぶりに勝ち越しました。

橋上　近年はなかなか勝ち星が上回らなかった中、チーム防御率が昨季の5・88から今季は4・38と大幅に改善しました。失点がある程度計算できるようになり、攻撃もバリエーションが出てきました。特に終盤は細かい作戦が使える〝野球〟という試合ができました。

Q　来季に向け、サポーター感謝デーで「必ず優勝します」と宣言されました。意気込みをお願いします。

橋上　来季は練習生の枠が増え、チーム内の競争が活性化し、間違いなく高いレベルの競争になります。今年以上に楽しみです。逆にこれだけのメンバーが揃っているので、優勝できなかったら私のせいです（笑）。他チームの戦力を見ているわけではないですが、新潟は質の高い選手が揃っている。あとは開幕までにどれだけ状態を上げてシーズンインできるかどうか。選手がケガなくスムーズにシーズンに入ってくれればいいなと思っています。

Q　監督として来季は通算4年目となります。サポーターは11年ぶりの独立リーグ日本一を期待しています。

橋上　今季のグランドチャンピオンシップはインターネット中継の解説をしましたが、あの舞台に立ちたいと思いました。来季は今までの中では一番戦力的に充実したシーズンを迎えられる感じがしています。今季の夏以降の戦いを来季はシーズン頭からやって、たくさん貯金を作って、盤石な試合をたくさんして、もちろん優勝、そしてNPBに選手をたくさん送りたい。サポーターの皆さんを喜ばせる試合をしたいと思っています。

（取材・文／岡田浩人）

INTERVIEW / TAKAHIKO NOMAGUCHI

チーム強化アドバイザー兼投手コーチ（非常勤）

野間口 貴彦

TAKAHIKO NOMAGUCHI

1983年5月31日生まれ（39歳）／182cm・90kg／右投・右打／AB型／兵庫県出身／2年目
選手歴:関西創価高→創価大（中退）→シダックス→読売ジャイアンツ

75

チーム防御率が大幅改善
成長のきっかけ与え、投手王国復活へ

投手コーチとして若き投手陣を熱く指導し成長へのきっかけを与え続けたほか、チーム強化アドバイザーとしてチーム編成や新人選手発掘に汗を流した。その指導の成果は数字に表れ、チーム防御率はリーグワースト2位だった昨季の5・88から今季は4・38と大幅に改善した。コーチ3年目となる来季も橋上監督を支え、8年ぶりのリーグ優勝のみを目指す。

Q 開幕直後は投手陣がなかなか波に乗れませんでした。

野間口コーチ（以下野間口） 下川、上村、山田、深澤という大卒ルーキーに関しては経験値が足りない分、春先は苦労するかなという心配がありましたが、それが的中してしまいました。昨季後半の頑張りから今季の投手陣を引っ張っていってくれるだろうと想定していた田村と中園が先発としていまひとつ波に乗ることができず……イメージしていたようにいかなかったですね。

Q 田村投手は開幕戦を含め開幕直後は素晴らしい内容を見せていましたが。

野間口 田村は開幕直後よかったのですが、前半のうちにキャンプでの貯金がなくなってしまいました。スタミナや試合への準備を含めて課題でした。中園は先発をするにあたってカーブやツーシームをオフの間に練習して、投球の幅を広げようとしたのですが、逆に去年までよかったスライダーが決まりづらくなり、直球も腕の振りが弱くなった感じがありました。なかなかうまくいきませんでした。

Q シーズン中盤から新人投手が大きく成長しました。

野間口 シーズン途中から後ろは上村と（吉田）一将で固定ができ、エバン（ラッツキー）も途中から後ろに回した中で「先発投手は5回まで投げられればいい」という役割にしたらうまく回るようになりました。そのひとつは新人の山田たちがきっかけをつかんで頑張ってくれたことです。深澤は春先には苦労しましたが最後は1回も負けられない状況の中で4連勝……先発として4勝を挙げた下川と同じくらいのチーム貢献度がありました。

Q 今季はチーム防御率が大幅に改善され、来季は有望な新人も入団する中で期待が高まります。

野間口 今季は昨季に比べて四球が130個くらい減り、チーム与死球は200でした。優勝した信濃が132で、新潟としてはあと100個くらい減らしたい。チーム与死球が100前半～100を切るくらいまで減ったらムダな失点もなくなってくる。二遊間も新しくなるので併殺が増えることを期待したい。なにより攻撃陣がある程度得点のイメージができるので、投手も来季は気持ちの面で余裕を持って投げられると思っています。そこに新人が加わることで競争も激しくなります。結果が出なければ試合には出られない。練習生が増えますが、チーム内競争が激しくなり、既存の選手もうかうかしていられない。それが相乗効果になって、こちらを悩ませてくれるようになれば面白くなると思います。

Q サポーターへ来季の意気込みを。

野間口 非常勤の立場でしたが今季は64試合中63試合に帯同できました。7年ぶりにプレーオフに行くことができ、最後はプレーしている方も観に来てくれているサポーターの方も、楽しくなる試合をお見せできたのは選手の成長だと思います。サポーターの皆さんの応援が力になりました。来季は橋上監督が「ぶっちぎりで優勝する」と言っているので、しっかりそういう結果になるよう選手をマネジメントできたらと思います。あとは選手がどこまで自覚を持ってやってくれるかだと思います。

（取材・文／岡田浩人）

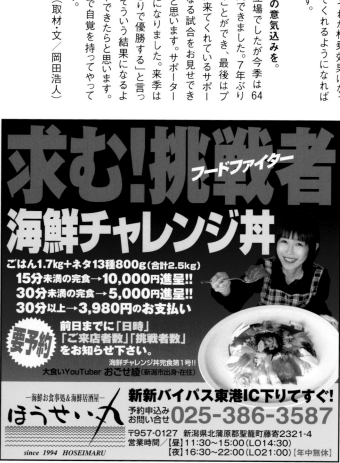

INTERVIEW / HIROKI INABA

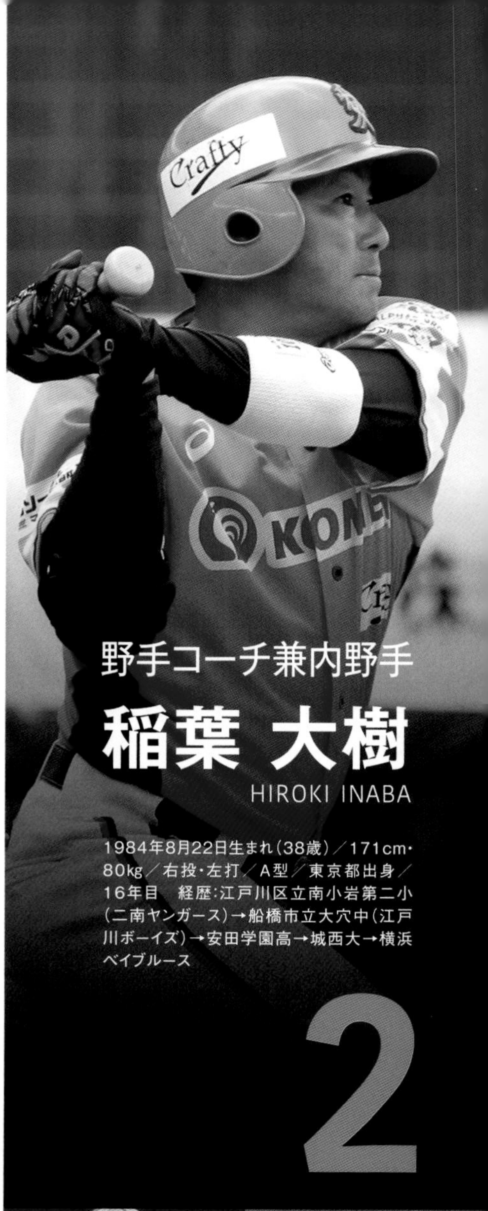

野手コーチ兼内野手

稲葉 大樹

HIROKI INABA

1984年8月22日生まれ（38歳）／171cm・80kg／右投・左打／A型／東京都出身／16年目　経歴：江戸川区立南小岩第二小（二南ヤンガース）→船橋市立大穴中（江戸川ボーイズ）→安田学園高→城西大→横浜ベイブルース

2

900試合出場達成のレジェンド
来季は1000安打と優勝を

BCリーグがスタートした2007年から継続してプレーを続ける唯一の選手が稲葉大樹兼任コーチである。8月31日には前人未到の通算900試合出場を達成。今季は30試合の出場で76打数17安打、打率・224の数字を残した。16年間で積み重ねた安打数は950本で、大台まであと50本に迫る。どん欲に進化を追い求め、その姿勢で若き選手たちを引っ張っている。

Q 今季を振り返って。

稲葉兼任コーチ（以下稲葉）　チームとしては7年ぶりにプレーオフに出ることができてよかったです。8月にチーム内に新型コロナウイルスの感染が広がって、あと一人感染者が出ていたらプレーオフ進出も考えられなかったくらいの大ピンチでした。でも、逆にその状況がチームのみんなを団結させました。「全員が戻ってきて、絶対に試合をしよう」という雰囲気でした。

Q 新潟のチーム打率（・286）は8球団中トップの数字でした。

稲葉　たとえば新人の小池選手はシーズン当初、ポテンシャルは感じましたがBCリーグの試合や練習環境に慣れていなくて戸惑いが見られました。でも、その後は気持ちが吹っ切れて活躍しました。シーズンを通して技術的に個々の選手の力が上がったのはもちろんですが、気持ちの部分で「絶対に勝つんだ」というものが選手に見えるようになっていきました。それがチーム力になり、プレーオフに進出する結果となったのではないでしょうか。ただ、個人的には納得がいかないシーズンでした。打率もよくなかったですね。自分が試合でもっと働くことができたら、信濃をも上回ることができたのではと思っています。

Q 8月に38歳になりました。プレーをしながら、年齢のことを感じることはありましたか。

稲葉　たとえば、ボールをとらえる力が衰えた、バットが思ったところに出なくなった、球速に目がついていけない……など、そういうことでは衰えたということは感じていません。ただ、今年感じたのは体の硬さ……脚や肩などの可動域が狭くなってきたなと感じることはありました。バットの握りの部分が1センチ違うだけでバッティングはまったく違うものになります。20代の頃の1年間と30代の1年間はこんなに違うのかというのも感じています。今季を振り返った時に、もう一回、体の柔軟性を取り戻さなければと思っています。

Q プレーヤーとして来季への意気込みは。

稲葉　1年間戦えるだけの体の土台をつくるのはもちろんですが、いまは毎朝5時半、6時に起きて、体の可動域を広げるためのストレッチをしています。子どもが寝ている間が自分の時間を持つことができるチャンスなので（笑）。やっぱり試合に出てナンボ……日本シリーズで活躍したヤクルトの青木（宣親）選手のように試合に出て、若手を鼓舞したい。あるいはベンチにいたとしても、サッカー日本代表の長友（佑都）選手のように若手を鼓舞したい。サッカーのことは分からないですが、ベテランの選手がチーム内でどう機能して、どういう発言をしているのかは興味があります。（来季はブラボーと叫ぶ？）それはどうか分かりませんが、もしかしたら来年の開幕戦では髪を赤く染めているかもしれません（笑）。

Q 来季へ、サポーターにメッセージを。

稲葉　来季もいい選手が入って来ますので、ますます競争も激しくなります。サッカーのアルビレックス新潟が頑張っているので、僕たちも負けないように頑張りたい。1人でも2人でも、多くのサポーターから球場に足を運んでいただけるように、来季は優勝します。

（取材・文／岡田浩人）

PICK UP PLAYER / KAZUMASA YOSHIDA

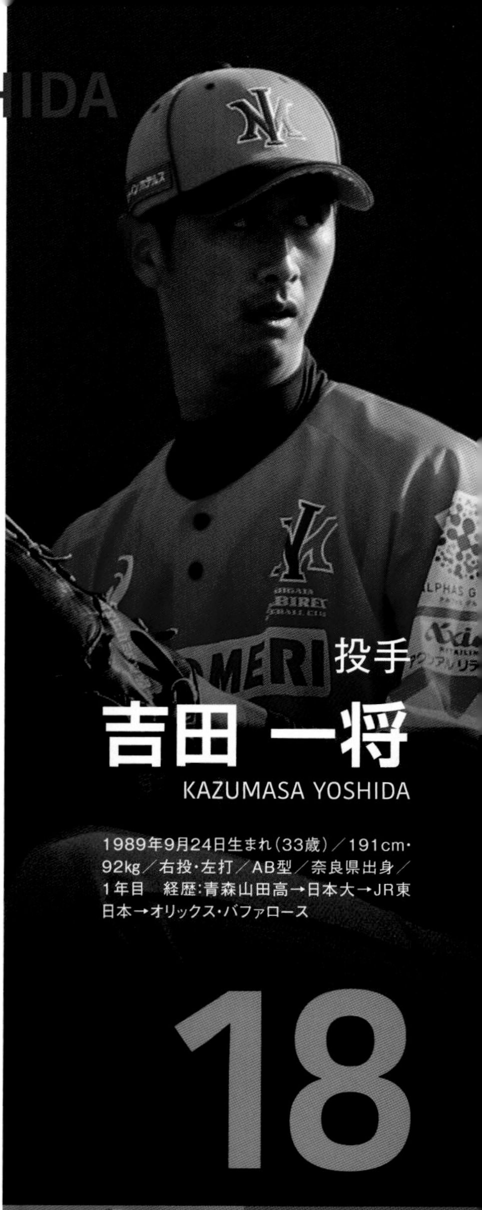

投手

吉田 一将

KAZUMASA YOSHIDA

1989年9月24日生まれ（33歳）／191cm・92kg／右投・左打／AB型／奈良県出身／1年目　経歴：青森山田高→日本大→JR東日本→オリックス・バファローズ

18

〝神様・仏様・吉田様〟一流の投球術で若手の手本に

NPBの打者をねじ伏せてきた一流の投球術を余すことなく披露した。2013年秋のドラフトでオリックスに1位入団し、主に中継ぎとして一軍226試合に登板。昨季限りで戦力外になると、NPB復帰を目指して新潟にやって来た。今季は抑えとして38試合に登板し、1勝13セーブで最多セーブのタイトルを獲得。防御率2・48の成績を残した。シーズン後、新潟を自由契約となったが、来季も現役を続ける。

Q　新潟でのシーズンを振り返って。

吉田　チームとしては、序盤はチーム力があると言えない状態でしたが、南地区との交流戦で自信がつく内容で勝つことができ手応えをつかみました。終盤は新型コロナウイルス禍もありましたが、背水の陣でひとつにまとまり、いい雰囲気、いいチーム状態になりました。個人的には7月末までのNPB復帰を目標にモチベーションを高くプレーすることができましたし、（復帰が叶わなかった）8月以降も気持ちは変わらず、9回を抑えるという仕事はできたと思います。

Q　8月31日の福島戦で延長10回タイブレーク無死満塁のピンチで三振、三振、中飛で無失点に抑えた投球が圧巻でした。

吉田　最終盤のプレーオフ争いの中、落とせない試合だったので印象に残っています。最初のタイブレーク（5月3日の群馬戦）で投げた試合で三者空振り三振に抑えたことも印象的でした。タイブレークは社会人時代に1回だけ経験がありましたが、今季は6試合も投げました（笑）。NPBではできない経験ができました。

Q　BCLでプレーしてよかったことは。

吉田　いくつかありますが、まず独立リーグを実際にプレーして経験できたことが財産だと思います。また、オリックス時代も社会人時代も練習施設や環境がよい中でやってきましたが、独立リーグという決して環境が恵まれているとは言えない中で練習をし、いかにコンディションを整えるか、いかに状態を上げるか、という経験ができたことは自分の新しい引き出しになりました。投手陣の中では年齢が一番上だったので、俯瞰しながら若い選手にアドバイスを送ることもしました。自分のことだけでなく周りの選手のことも見ながら、自分の経験を自分の言葉で伝えられたのはよかったなと思います。

Q　逆にBCLの選手に望むことは。

吉田　いい意味でもっと野心を持ってプレーしてもいいのではと思いました。チームなので協調性はもちろん必要なのですが、極端な話、チームが優勝しても選手がNPBに行けるわけではありません。多くの選手がNPBに行きたくて1年2年の勝負で来ている中、目標を掴み取るにはそれなりの気持ちを持ってやらなければ……高い目標があるならば練習でも私生活でも行動に表れなければと思いました。単なる〝夢〟ではなくて〝目標〟として自分を客観視し、何が足りないかを考えてこの冬を過ごしてほしいと思います。

Q　初めての新潟生活はどうでしたか。

吉田　皆さん、あったかいなと感じました。ご飯も美味しいし、街もよくて……サポーターの皆さんも、独立リーグを追い掛けているというのは本当に野球が好きで球場に足を運んでいるということ。その気持ちを強く感じました。

Q　オリックス時代からのファン、そして新潟サポーターにメッセージを。

吉田　一年間、熱いご声援、応援をありがとうございました。12月末時点で来季の所属球団はまだ決まっていませんが、2023年も引き続き現役でプレーを続けますので、これからも応援をよろしくお願いいたします。

（取材・文／岡田浩人）

PICK UP PLAYER / KAZUMUNE ABE

外野手

阿部 一心

KAZUMUNE ABE

1998年9月9日生まれ（24歳）／176cm・74kg／右投・左打／O型／大阪府出身／2年目　経歴：大阪市立放出小（城東コスモボーイズ）→同・放出中（西淀ボーイズ）→報徳学園高→立正大

51

キャプテンとしてチームをけん引 スピード磨き、来季も駆け抜ける

大卒入団2年目の今季は〝キャプテン〟として選手たちをまとめた。明るいキャラクターでチームをけん引し、7年ぶりのプレーオフ進出に貢献した。俊足を生かしたスピード感あふれるプレーで、打率・307、35盗塁をマークし、北地区の盗塁王のタイトルを獲得した。ただ目指していたNPB入りには届かなかった。盗塁技術に磨きをかけ、来季はチームの優勝、そして自身のNPB入りへ駆け抜ける。

Q　今季はキャプテンを務めました。

阿部　心掛けていたのは若い選手に伸び伸びプレーしてもらいたいということでした。自分自身がルーキーの時に遠慮しがちでなかなか自分の考えを言えずに終わってしまいました。今季は高卒の選手たちとも練習や移動中のバスの中でもいろいろな話をしました。フレンドリーなチームを作りたかったのですが、そういう雰囲気はできたかなと思います。

Q　シーズン終盤の連勝時にはチームに一体感がありました。

阿部　体調不良で選手が離脱する中で、プレーオフに行かないと離脱した選手たちの野球人生がこのまま終わってしまう、という気持ちがありました。とにかく「プレーオフに行ってみんなで野球をしよう」と全員で言っていました。守ったことのないポジションをやった選手もいましたが、自分自身も試合中に「これがチーム一丸というんだな」と実感しました。

Q　プレーオフでは信濃に敗れましたが、チームとして最後まで諦めない姿勢を見せました。

阿部　プレーオフは一回負けたら終わりのトーナメントと一緒という気持ちでした。一つのプレーやミスが試合を左右するという緊張感の中で、特に若い選手がそういう試合を味わうことができたことがチームとして今年一番の収穫だったと思います。

Q　個人的な成績を振り返ると。

阿部　キャンプ前から「去年よりも成績が落ちたらやめよう」と思いながら、自分にプレッシャーをかけていました。シーズン序盤と終盤はよかったのですが、夏場にバテてしまって成績が落ちてしまいました。

Q　北地区の盗塁王、そして3割超える打率を残しましたが、目指していたNPB入りには届きませんでした。

阿部　自分のセールスポイントは「足」だと思うのですが、盗塁王を獲ったにもかかわらずNPBには行けませんでした。（中日の育成指名を受けた）埼玉の樋口正修選手とは去年冬に一緒に自主トレをした仲なのですが、盗塁数は僕の方が多かったのに樋口選手の方が指名された。数だけで評価されるわけではないと実感しました。

Q　来季への課題は。

阿部　今季はシーズンに入った時に78キロだった体重が終わりには60キロ台まで落ちました。体の線が細いのでオフは体づくりに取り組みます。走塁では今季は数を走ることを意識していましたが、成功率も低かった。来季は今季以上に警戒されると思うのでスタートの速さが大事になると思います。真っすぐでも変化球でもスタートを切ることができる瞬発力を身に付けたいと思います。オフは長岡でアルバイトをしながらトレーニングをします。年末年始も帰りません。

Q　サポーターへメッセージを。

阿部　今年一年間のご声援、ありがとうございました。いい時も、厳しいチーム状況の時も、変わらずにたくさんの応援をいただいたおかげで7年ぶりのプレーオフ進出を勝ち取ることができました。来年はリーグ優勝、そして日本一を届けられるように頑張りたいと思います。

（取材・文／岡田浩人）

PICK UP PLAYER / TOMOYA KOIKE

外野手

小池 智也

TOMOYA KOIKE

1999年5月24日生まれ（23歳）／180cm・82kg／右投・右打／O型／大阪府出身／1年目　経歴：八尾市立南高安小（八尾ファイターズボーイズ）→同・南高安中（八尾フレンドボーイズ）→八戸学院光星高→法政大

9

新人ながら打率、打点の二冠王に頼れる新潟の〝新四番〟誕生

東京六大学の名門・法政大で四番打者を経験し、今季鳴り物入りで入団。シーズン序盤こそ初めて対戦する相手投手に苦しんだが、中盤以降は打棒が爆発し、7月2日にはリーグ7人目となるサイクル安打を記録した。62試合に出場し、打率・364はリーグ1位、47打点は北地区1位となり、二冠王に輝いた。新潟の頼れる〝新四番〟として来季も長打を量産する。

Q　1年目で2つのタイトルを獲得しました。今季はどんなシーズンでしたか。

小池　春に新潟に来て、野球も私生活も初めて経験することばかりで最初はしんどかったです。開幕してから中盤まではいろいろ苦しみました。ただ中盤以降は自分の中で野球に対する姿勢が変わって、それが結果につながり最後はタイトルにつながったと思います。

Q　私たちも「法政大の四番が来た」と騒ぎました。プレッシャーはありましたか。

小池　いえ、プレッシャーは一切なかったです。ただ独立リーグに来て最初に感じたのは「思っていたよりも投手のレベルが高い」と。決してなめていたわけではなかったのですが初めは対応しづらかったです。

Q　橋上監督から「プライドを持て」と叱咤激励されたと聞きました。

小池　入団した時から僕自身は東京六大学でプレーしていたことなど何も思っていなかったのですが、逆に橋上監督から「今まで高校や大学でやってきた経歴に自信を持って前向きに取り組め」と言われて……自分自身、その一言で気持ちが吹っ切れました。（技術的には）それまでは打席の中で相手バッテリーの配球などを読むようにしていたのですが、あまり細かく考えないように打席に立つようにしてから安打が増え、打率が残せるようになりました。

Q　7月2日の佐藤池の福島戦でサイクル安打を達成しました。

小池　自分自身がびっくりしました。（最後にスリーベースを放って）三塁ベースの上で稲葉さんから「おめでとう」と言われ、気が付きました。サイクルを意識していなかったので、いい結果につながったのだと思います。

Q　プレーオフの信濃戦では9回2死から1点差に迫る2ランを放ちました。

熊谷　あの時は信濃の荒西（祐大）投手が相手でしたが一番苦手な投手でした。初球にファウルを打ったのですが、そこで体が開いてしまいました。それまで打席でなかなか修正できないことが課題だったのですが、次の甘いスライダーを開かないように修正して打つことができました。ホームランを狙ったわけではない中で、打席でフォームを修正できたことがよかった点です。

Q　10月20日のドラフト会議では指名がありませんでした。来季へ課題は。

小池　今季の成績ではNPBに行けない理由は分かっていました。一番の課題は本塁打数が明らかに少なかったこと。レギュラーシーズンで3本、プレーオフで1本……長打が自分の一番の魅力だと思うのでそこを増やさなければ。来季は二桁を目指します。橋上監督からは「打率が多少下がっても、本塁打を打てる球を待とう」と言われました。本塁打を多く打つことで打点も稼ぎ、チームの勝利に貢献しようと考えています。オフはウエートトレーニングや走り込みで下半身を中心に鍛え、土台を強くしたいと思います。

Q　サポーターに来季への意気込みを。

小池　一年間過ごして、新潟の皆さんは温かいと感じました。来季も楽しみな新人選手が入ってきますが、四番打者として活躍し、優勝を目指して頑張ります。

（取材・文／岡田浩人）

PICK UP PLAYER / SHUNSUKE SHIMOKAWA

投手

下川 隼佑

SHUNSUKE SHIMOKAWA

2000年3月22日生まれ（22歳）／176cm・80kg／右投・右打／O型／神奈川県出身／1年目　経歴：横浜市立富岡小（並木ジャイアンツ）→同・富岡東中（横浜東金沢リトルシニア）→湘南工科大学附属高→神奈川工科大

12

投げるたびに成長見せたサブマリン 来季は打者圧倒する投球で進化誓う

右アンダースローから最速136キロの力強い直球を武器に、大卒新人ながらシーズン中に大きな成長を遂げた。特に夏場以降は先発の軸として4勝を挙げ、プレーオフでも先発の大役を任された。一方でNPBからドラフト指名が期待されたものの、その夢は来季に持ち越しとなった。「来季は真っすぐで圧倒する」とオフのパワーアップを誓っている。

Q 新入団で4勝。夏以降は先発の軸として起用されました。成長の要因は。

下川　初めてのBCリーグで、前半は思うようにいかず、課題も多かったのですが、それでも投げる機会をいただき、後半はやってきたことが結びついたと思います。終盤は球威が春先とは違ってきたなと感じました。いろいろな要因がありますが、野間口コーチから「腕を振ることを意識しろ」と指導を受け……春先はストライクを入れにいって腕が振れなかったのですが、後半はストライクを取ることにも困らない腕の振りで投げることができました。

Q 投げるたびに自信をつけているように見えました。

下川　大学時代は試合経験が少なかったので、試合でパフォーマンスを発揮できない部分がありましたが、BCリーグに来て徐々に試合慣れしていきました。四球の多さが課題だったのですが、（6月18日の群馬戦で先発し6回1四球で初勝利を挙げて）四球が少なくなったことでマウンド上での気持ちが変わりました。それまでは「ストライクが入るかな」と不安があり、打者と対戦する前に自分との戦いがありましたが、四球が減って打者との対戦に集中できました。橋上監督から「初回、そしてファーストストライクを一番集中するように」と指導を受け、そこに集中できました。

Q 10月のNPBドラフト会議では指名を期待されましたが、残念ながら名前は呼ばれませんでした。

下川　今季を終えて、自分ではまだまだ課題がたくさんあると思っていましたが、自分の良い部分が評価されたと聞いて指名を期待しました。でも指名がなく、「やっぱり甘くないな」と思いました。ただ大学時代に比べて少しだけNPBの世界が近づいた気がして……自分の中で野球に対する意識が変わりました。

Q どんなふうに意識が変わりましたか。

下川　ありきたりですが、このままじゃダメだと。技術的な課題はもちろん、私生活でも野球への意識を変えなければという気持ちになりました。野球に向き合う時間をできるだけ長く、朝起きてから体を動かす時間もそうでない時間も野球のことを考えて行動するようになりました。自分の中の甘えを消したいと思うようになりました。

Q NPBに行くための来季の課題は。

下川　一番は自分の得意なストレートの球威を上げること。橋上監督から「BCリーグの打者は真っすぐで圧倒できるくらいの球威が必要」と言われています。変化球では今季投げるボールのタイミングが全部一緒だったので、緩いカーブやチェンジアップをマスターして、打者に対して緩急をつけて〝奥行き〟で勝負できるように練習しています。数字的な目標は15勝、奪三振100、球速は140キロを超える、そして防御率は1点台を目指します。

Q サポーターへメッセージを。

下川　今季はたくさん投げましたが、あまり勝利をお届けできませんでした。それでも変わらない応援をいただき、ありがとうございました。来季はもっと大きくなって、安心して試合を見てもらえるよう頑張ります。大学の後輩である八神（辰大）も入って来るので、負けないように頑張ります。

（取材・文／岡田浩人）

PICK UP PLAYER / DAICHI FUJIWARA

外野手

藤原 大智

DAICHI FUJIWARA

1999年11月11日生まれ（23歳）／169cm・75kg／A型／右投・両打／兵庫県出身／1年目　経歴：朝来市立山口小（山口ミューズ）→同・朝来中（朝来ボーイズ）→立正大学淞南高→創価大

8

俊足・両打ちのリードオフマン NPB入りへ誓う、さらなる進化

大卒新人ながら全64試合に出場。スイッチヒッターのリードオフマンとして打率・337（リーグ5位）、90安打（同1位）、29盗塁（同5位）の成績を残し、外野手部門でベストナインに輝いた。ただ期待されたNPBドラフト指名はなく、藤原自身も「詰めが甘い」と唇をかむ。NPB入りという目標へ、さらなる成長を誓っている。

Q 新人ながら打率3割、90安打の成績を残しました。

藤原　自分自身ではある程度打てるようになり、ベストナインという賞をいただきましたが、納得できたと言えるシーズンではありませんでした。BCLには賞を獲りに来たのではなく、NPBに行くために来ました。個人としてはその目標に届かなかったこと、そしてチームとしてもプレーオフで敗れてしまったことで、喜べるというものではありませんでした。走塁でも盗塁数も多くなく成功率も高いわけではない。期待されていたのに物足りなかったです。

Q 前半は4割を超える打率で一時は首位打者にも立ちました。手応えは。

藤原　数字だけ見れば成績は残っているのですが、自分の中では「技術が上がったので打つことができた」という手応えはありませんでした。前半は相手のマークも甘く、そういう時に打つことができただけで、自分でも「なぜこんなに打つことができているのかわからない」「何か違うな」という状態が続いていました。周囲の評価と自分の手応えにギャップがありました。

Q シーズンを通して手応えをつかむことができたという打席はありましたか。

藤原　信濃との（北地区）プレーオフの最終打席だけ、自分自身で納得がいく打席でした。（9回表、荒西投手から左中間二塁打で）自分が理想としている「逆方向に強い打球を打つ」という形ができました。

Q ドラフトでは調査書が届いていましたが、指名はありませんでした。

藤原　大学4年時の去年もそうでしたが、指名されるかもしれないと思いながら指名されず……気持ちが落ちる部分もありました。ただ今振り返ると一つ一つの詰めが甘いと思いました。一つのセールスポイントに突出するのであればもっと伸ばさなければ。来年は「コイツをNPBの一軍で使ってみたい」というパフォーマンスをしたい。数字にもこだわりますが「面白い」と思われるような選手になりたいです。

Q 来季へ向けてこのオフの課題は。

藤原　今季は調子が悪くなると体が開いてバットが出ていました。特に左打席です。前半に打つことができていた理由を探したところ、体が開いていませんでした。体が開かないためにどこを意識してバットを振ったらいいのか、いろいろな動画を見ながら研究しています。

Q 新潟の印象はどうでしたか。

藤原　皆さんが平日でも試合を観に来てくださったり、試合後に話しかけてくださったり……プレーオフの信濃の試合でもサポーターの熱を感じました。お金をもらっている以上、サポーターに喜んでもらえる試合、熱くなってもらえる試合をお届けしたいです。

Q 来季への意気込みを。

藤原　自分の目標はNPBに行くこと。来季は内野守備を増やしていこうと橋上監督から言われています。チームとしては優勝が目標。選手一人一人が観に来てくださるサポーター、スポンサーの皆様のおかげで野球ができていることを再確認し、お金をもらうに値するプレーができているのか自問自答しながら一日一日を過ごしていきたいと思っています。

（取材・文／岡田浩人）

PICK UP PLAYER / TOMOKI UEMURA

投手

上村 知輝

TOMOKI UEMURA

2000年3月23日生まれ（22歳）／182cm・86kg／右投・右打／B型／東京都出身／1年目　経歴：八王子市立横川小（横川スーパースターズ）→同・横川中（八王子桑都ボーイズ）→創価高→創価大

11

リーグ最多46試合登板
強気の投球に磨きかける鉄腕

大卒1年目ながらサイドハンドから最速146キロの直球とキレのあるスライダー、果敢な内角攻めを武器に、吉田につなぐセットアッパーとして活躍。今季BCリーグ最多となる46試合に登板する鉄腕ぶりを発揮し、6勝1敗、防御率3・07の成績を残した。一方で課題も明らかに。「150キロ台を出し、日本一に貢献し、NPB入り」……来季の目標は明確である。

Q　1年目ながら今季のリーグ所属投手の中で最多となる46試合に登板しました。

上村　自分自身でもこんなに登板できるとは思っていませんでした。シーズンを通して特に右打者には持ち味であるスライダーとテンポで抑えることができました。大学時代は公式戦で登板する機会が少なかったのですが、BCリーグでは試合数が学生時代に比べてはるかに多く、ひとつのミスを引きずらないようにしていました。試合数が多くてよかったです。

Q　NPB球団からドラフト前に調査書も来ていたと聞きました。やはりドラフト当日は悔しい気持ちでしたか。

上村　シーズン当初から「1年目からNPBを目指したい」と思っていました。ただ調査書はいただいていましたが、自分自身では他の選手に比べたら可能性は低いと感じていました。ドラフトが終わった瞬間には「来季に向けてしっかりやるぞ」という気持ちになりました。

Q　NPB入りへの自身の課題は。

上村　左打者を相手に3割を超える確率で打たれていて、ここが数字に表れている課題です。対左打者に対して決め球であるインコースの直球以外に、もう一つ変化球で空振りを取れる球種がありませんでした。もう一つは球速です。今季の最速は大学時代と同じ146キロでした。来季は150キロを出さなければNPBに行けない。そこが一番の課題だと思います。46試合に登板して、特にシーズン中盤から終盤に投げる機会が多かったのですが、幸い、体に疲れがどうこう……というのはなかったです。

Q　左打者を抑えるための新たな球種は。

上村　対左打者の変化球では（外に逃げる）ツーシームとチェンジアップは投げていましたが、新たにフォークを覚えようかなと思っています。タテに落ちる変化球で空振りを取りたいと考えました。

Q　サイドからのフォークは投げるのが難しいイメージがあります。

上村　たしかに難しいのですが、野間口コーチが現役時代にサイドからフォークを投げていて、「投げられないことはない」と聞きました。サイドスロー投手は〝ヨコ〟の変化が多い中、〝タテ〟の変化球があるのは武器になると思います。

Q　課題克服へオフはどう過ごしますか。

上村　まず、下半身の強化に取り組みます。自分はどちらかと言えば体のキレがいい方ではないので、下半身を強くしてボールにキレを出して球速を上げたいと考えています。ウエートトレーニングはもちろんですが、ジャンプ系、ダッシュ系のトレーニングを重ねて瞬発力を上げようと思います。

Q　長岡の印象は。

上村　とても住みやすい街で、人の温かさを感じました。アパートの大家さんにもいつも声を掛けてもらいありがたかったです。

Q　最後にサポーターにメッセージをお願いします。

上村　今季は登板する機会が多かったのですが、特にシーズン終盤は一球ごとに球場での拍手や歓声が伝わってきました。来季は今季以上に試合で登板し、もっともっと数字をよくして、チームのリーグ優勝と日本一に貢献できるように頑張りたいです。

（取材・文／岡田浩人）

PICK UP PLAYER / KOYO MATSUSHIMA

内野手

松島 恒陽

KOYO MATSUSHIMA

1997年4月2日生まれ(25歳)／172cm・78kg／O型／右投・右打／大阪府出身／3年目
経歴:堺市立三国丘小(オール松原ボーイズ)→同・三国丘中(オール松原ボーイズ)→履正社高→関西大

右方向を意識し打撃開眼
引退後も挑戦は続く

打っては右打席から広角に打ち分けるパワフルな打撃で打線をけん引し、守っては遊撃手として内野の要を任された。3年目の今季は4月19日にチーム第1号本塁打を放つなど打撃好調で、打率・310、4本塁打、30打点をマークし、チームのプレーオフ進出に大きな役割を果たした。シーズン終了後、現役引退を表明した松島は、地元で新たな一歩を踏み出す。

Q 今季を振り返って。

松島　3年目の今季は自分でもびっくりするくらいうまくいきました。打率は3割以上を目標にしてその数字は達成できましたし、昨季は0本だった本塁打を4本も打つことができました。(好調だった要因は)昨季のオフに「自分の持ち味は何だろう」と考えました。橋上監督からも投手心理や捕手心理を教えてもらい、それを生かすためには何をしたらいいか考えたときに〝右打ち〟を意識して打撃に取り組もうと決めました。それがいい結果につながりました。

Q 遊撃の守備でも存在感を発揮しました。

松島　昨季のオフは守備の練習しかしなかったというくらい、ずっと守備をメインに練習をしてきました。徐々に成果が出てきたと思います。守備からうまく打撃にリズムをつくることができて、打撃の結果もついていったと思います。

Q チームは7年ぶりにプレーオフに進出しました。松島選手も3年間在籍して初めてとなるプレーオフでした。

松島　一時的にチームを離脱する時期もあったのですが、チームが一丸となって戦っている感じがしました。野手では稲葉コーチを除けば自分が一番上の年齢だったのですが、チーム内ではあまり年齢の差を感じませんでした(笑)。それくらいみんなが一体になっていました。

Q 今季はオープン戦と公式戦で、福島に所属していた弟の真都投手、賢吾捕手バッテリーと、日本のプロリーグでは珍しい3兄弟対決も実現しました。

松島　うれしかったですね。これまで高校は3人とも同じ履正社でしたし、相手バッテリーとして対戦することがなかったので、新鮮な気持ちでした。両親もすごく喜んでいました。

Q シーズン終了後に今季限りでの引退を決めました。理由を教えてください。

松島　来季もプレーを続けるかと考えた時に、自分が上(NPB)の世界に行くことは厳しいなと3年間やってみて思いました。だったら「別の道で上を目指してみたい」という気持ちが出てきました。

Q 引退後の仕事は決まりましたか。

松島　たまたまご縁があって、地元の大阪市で知り合いが立ち上げたベンチャー企業で働くことになりました。インターネット広告を扱う会社で、2人の弟も一緒に働いています。今はいろいろな準備やデザインの制作、会社の説明など何でもやっていますが、ゆくゆくは商品販売なども手掛ける予定です。新しいことに挑戦することは楽しみです。

Q 3年間を過ごした新潟の印象は。

松島　はじめは知らない土地で不安もありましたが、新潟はご飯が美味しくて、自然も豊かで、「また帰りたい」と思える第二の故郷になりました。

Q 最後にサポーターにメッセージをお願いします。

松島　サポーター一人一人に感謝の気持ちを伝えたいです。来年は時間があればスタンドから後輩たちの試合をサポーターの皆さんと一緒に観戦できるのを楽しみにしています。3年間ありがとうございました。

(取材・文/岡田浩人)

15 投手

中園 大樹 HIROKI NAKAZONO

2000年8月2日生まれ(22歳)／170cm・82kg／A型／右投・右打／福岡県出身／4年目　経歴:福岡市立筑紫丘小(玉川スポーツ少年団)→同・筑紫丘中(福岡ボーイズ)→柳ヶ浦高

シーズン終盤、多くの登板機会を頂き、僅かばかりですがチームの勝利に貢献できたかなと思います。身体的につらい部分もありましたが、プレーしていて楽しい方が強く、プレーオフにも進出できて良かったです。橋上監督からシーズン中に「ここでの一球」、緊迫した場面でいかに狙ったところに投げられるかを常に言われていたのにも関わらず、不本意な結果になってしまい、改めて自分の力不足を実感し、プレーする中で一生課題になる箇所になると思います。野間口コーチからは、考えすぎずにブルペンに入って多く球数を投げ、感覚をよくしていきなさいと指導を頂き、気持ちが少し楽になりましたし、少しずつ感覚も良くなっていきとても感謝しています。吉田選手とはキャッチボールでペアを組み、遠投からショートスローまで、沢山のアドバイスを頂き、感謝しています。これからの野球人生に必ず生かします。4年間思うような結果が出せず、サポーターの皆様に勝利を届けることができず、申し訳ございませんでした。高知ファイティングドックスに移籍しますが新潟のサポーターの皆様のことは忘れません! 本当にありがとうございました。

14 投手

佐藤 雄飛 YUHI SATO

2002年8月4日生まれ(20歳)／176cm・74kg／血液型不明／左投・左打／新潟県長岡市出身／2年目　経歴:長岡市立黒条小(黒条わかばスポーツ少年団)→同・堤岡中→中越高

今季は置かれている状況を理解し使える時間は目いっぱい使って野球のことに充てることができました。特に公式戦を外から見る機会が多く、観察することで無意識化ができたのが収穫でした。反省としてはアピールするチャンスが少ない中で、自分の力を上手く表現できなかったこと。何ができて何ができないかを確認する作業を行えればよかったと感じます。練習では野間口コーチから変化球の数を絞ることを指導して頂きました。1つの変化球に対して練習量や、情報量、感覚などが研ぎ澄まされて多く練習ができ、内容の濃い情報量、常に良い感覚で投げることができるようになったと思います。サポーターの皆様、今シーズンも応援ありがとうございました。試合で投げている姿を見せる機会が少なく申し訳ない気持ちもありますが、その中でも応援して下さって感謝しかありません。本当にありがとうございました!

19 投手

山田 将生 MASAKI YAMADA

1999年7月23日生まれ(23歳)／182cm・81kg／O型／右投・左打／神奈川県出身／1年目　経歴:横浜市立不動丸小(東急白根少年野球部)→同・鶴ヶ峰中→荏田高→桐蔭横浜大

開幕から1カ月、怪我でチームの力になれず、歯がゆいスタートとなりましたが怪我が癒えたシーズン途中から中継ぎとして復帰しました。復帰直後は特に制球が定まらず、試合を作れない日々が続き、前半ほとんど戦力になれず申し訳ない気持ちでいっぱいでした。しかし登板を重ねるにつれ、制球力もつき、後半では力を発揮できたので良い経験を積ませて頂きました。今季印象深い試合は8月7日ビジターでの信濃戦です。久々の先発で相手投手はリーグを代表する好投手、鈴木駿輔選手との投げ合い。一点たりとも失点は許されない中での登板で、かなり入り込んでいましたが勝利に繋がり良かったと思います。シーズン中、野間口コーチから球種を投げすぎないこと、持ち球であるカーブが1番バランス良く投げられる球種だったのでそれを軸にストレートを良くしていこうとやってきました。フォームの面では片足でしっかり立つ事、投げる時に考えすぎない事を吉田選手からもアドバイスを頂き、良くなっていったと思います。サポーターの皆様、1年間応援ありがとうございました。今年達成できなかったリーグ優勝、独立日本一、ドラフト指名を来年必ずつかみます。

16 投手

深澤 史遠 SHION FUKASAWA

1999年9月20日生まれ(23歳)／187cm・87kg／AB型／右投・右打／東京都出身／1年目　経歴:墨田区立梅若小(堤若草)→同・寺島中(鐘ヶ淵イーグルス)→国士舘高→創価大

なかなか思うようなピッチングをすることができずに悔しい思いをしましたが、後半にかけての試合、8月、9月で良い成績を残すことができました。特に9月3日のダブルヘッダーで行われた群馬戦。ゲーム差が縮まりながらもチーム内で体調不良者が多く出る過酷かつ緊迫した状況下での先発はプレッシャーもありましたが、1戦目5回をしっかりと投げ切ることができたことが印象に残った試合です。自身にとって良い経験ができたと思います。シーズン序盤、不甲斐ない投球が多く、どうすれば良くなるのか模索していました。その中で野間口コーチには様々なことをご指導頂きました。特に1番大切だと思ったことはキャッチボールの意識です。以前までは肩を温めるものという意識でやっていましたが、相手の顔より下に良い回転で投げることなどを意識することによって投球にも良い影響が出ました。サポーターの皆様、今シーズンの熱いご声援ありがとうございました。7年ぶりのプレーオフ進出という結果でしたが、来年は優勝を必ずお届けしますので引き続き熱いご声援よろしくお願い致します。

PLAYER'S MESSAGE

30 投手

原田 健太 KENTA HARADA

1998年4月13日生まれ（24歳）／176cm・77kg／A型／左投・左打／神奈川県出身／2年目　経歴：相模原市立広陵小（城山フェニックス）→同・中沢中（相模ホワイトボーイズ）→松本第一高→松本大

シーズン途中に肘の怪我で練習生になり、今季は投げられるか分からない状態の中から終盤に復帰し、ホーム最終戦、プレーオフで登板することができたことと、チームが去年よりも順位を上げたことは良かったと思います。しかし、去年よりも良いイメージで春先に投げることができていた矢先に怪我となり、チームの勝利に貢献できなかったことでとても悔しいシーズンとなりました。しかし怪我から学ぶことも多くあり、野間口コーチや中村トレーナー、吉田さんにアドバイスを頂きながらシーズンを過ごすことができました。サポーターの皆様、今シーズンも沢山の応援ありがとうございました。試合で投げている時も練習生となり、試合運営をしている時もいつも温かく声を掛けて頂き、心の支えとなりました。そのおかげで折れることなく練習、リハビリに取り組むことができ、復帰し、登板することができました。来年こそは必ず成長した姿、チームの優勝をお見せできるように頑張ります。

20 投手

小林 駿 SHUN KOBAYASHI

2001年7月16日生まれ（21歳）／176cm・70kg／B型／右投・右打／新潟県北蒲原郡聖籠町出身／1年目　経歴：聖籠町立亀代小（はまなす野球クラブ）→同・聖籠中→新発田商業高→新潟コンマーシャル倶楽部

中継ぎ、先発を経験し、学生、社会人の時から応援して頂いている方々に自身の成長をお見せできた事は良かったと思います。しかし、初めてのシーズンという事もあり、序盤は良かったものの、中盤から後半につれて疲労等により四死球を多く出し試合に流れを持ってくるような投球ができず、失点する場面が多かったことは反省点です。今季印象に残っていることは二つ。まずは今季自己最速の147km/hを出せた事です。二つ目は慣れ親しんだ新発田市五十公野公園野球場で先発した試合。友人、応援して下さる方々が来てくれて、その試合で無失点の投球、良い流れを作ることができ、後半戦で価値のある勝利に携われたことです。今まで強豪チームでプレーをしていたわけではないので、野間口コーチからは配球や一つ一つのプレーの意味など細かな野球を教えて頂きました。また、トレーニングも初めて行うものが多く、試行錯誤しながらですが鍛錬した結果、試合中に体幹のブレが少なくなり、指先の感覚も冴え、球速アップに繋がったと思います。来季は多くの試合に登板し、より多くの皆様にプレーする姿を見ていただけるよう、オフを有意義なものにし、自身の目標であるNPBに行けるよう努力を重ねていきます。サポーターの皆様に夢や希望を与えられる様に頑張りますので、応援の程宜しくお願いします。

49 投手

ラッツキー EVAN RUTCKYJ

1992年1月31日生まれ（30歳）／198cm・107kg／O型／左投・右打／カナダ出身／1年目　経歴：ニューヨーク・ヤンキース（マイナー）→アトランタ・ブレーブス（マイナー）2015・19パンアメリカン・カナダ代表、2019WBSCプレミア12・カナダ代表

この夏、新潟でプレーすることを選んで良かったです。
初めての日本でのシーズンでしたがとても楽しく、チームメイトはとても親切で、コーチングスタッフも素晴らしかったです。
また サポーターの皆様に私を応援して頂き、とても嬉しかったです!!
新潟のみんなが恋しい!

47 投手

髙橋 駿 SHUN TAKAHASHI

2002年6月13日生まれ（20歳）／166cm・64kg／A型／左投・左打／新潟県北蒲原郡聖籠町出身／2年目　経歴：聖籠町立山倉小（山小ストロングス）→同・聖籠中→東京学館新潟高

今季はピンチの場面で行くことが多く、シーズン序盤はなかなか結果が出せず悔しい思いをしていたのですが、橋上監督、野間口コーチが親身になって投球術からフォーム、変化球について細かく指導してくださり、シュートやスライダーなど左打者対策の武器を習得し、少しずつ結果が出せるようになったことは自分自身にとって大きな成長だったと思います。またプレーオフで登板機会を頂き、レギュラーシーズンとは違う雰囲気で投げることができ、大きな成長になったと思いました。しかし一年間安定した結果を出すことができず、その部分が大きな反省点だと思います。また左打者に対しての成績もまだまだ納得がいく形になっていません。
印象に残っている試合は三条パール金属スタジアムでのサヨナラ勝ちです。2アウト満塁、打たれたら負けてしまう場面での登板でしたが気持ちを最大限に高めて投げ切ることができた試合でした。

選手メッセージ

21 練習生

岩鼻 勇輝 YUKI IWAHANA

1999年4月14日生まれ（23歳）／171cm・75kg／O型／左投・左打／神奈川県出身／1年目　経歴：横浜市立並木第四小（並木シーガルズ）→同・並木中（横浜東金沢シニア）→横浜高→神奈川工科大

まずBCリーガーとして序盤から出場機会をいただき、終盤では接戦時での登板で緊張感のある中でプレーできたことが良かったです。しかし怪我や病気などで離脱が多く、自己管理を行っているつもりでも見直せる部分は多くあったのではないかと思います。また登板するたびに緊張してしまい前の登板での反省を生かす事ができなかった試合がシーズン前半に多々あり、勿体なく感じています。印象に残っている試合は8月9日信濃戦、ピンチの場面でリリーフとして登板した試合。野間口コーチから投球時に横の時間（並進の時間）を長くするようにシーズン前から指導を頂き、頭では理解していても動作が作れずにいたのですがフォームを頭と体で理解できるようになり、調子が良いと感じていた中での登板でした。この試合でのピッチングがシーズンで一番良かったと記憶しています。数少ない登板の中で自信に繋がった試合でした。橋上監督から自分のような投手が打者を抑えるために必要な緩急の話や、NPBでもコントロールの良い投手が行っていた練習方法などを聞き、とても学びが多い一年でした。来シーズンは練習生としてのスタートですが自分なりに覚悟を持って臨むシーズンになります。登板するチャンスを頂いた際には良いピッチングができるよう頑張りますのでご声援よろしくお願いします!

17 練習生

田村 颯瀬 HAYASE TAMURA

2002年3月8日生まれ（20歳）／176cm・87kg／A型／左投・左打／新潟県新潟市江南区出身／3年目　経歴：新潟市立東曽野木小（曽野木サンダーシップス）→同・曽野木中→東京学館新潟高

開幕投手を務め8回2安打無失点に抑えたことと、昨年よりもストレートのアベレージが上がり、スライダーが思ったように投げられていた良いイメージがありながらも、序盤の調子が続かなかった部分は反省点です。気負いすぎて後半の試合に力みが多くなっていたのですが、最後の先発登板をした福島戦はいつもより力を抜いて投げれていたのでその状態でスピードを上げることが来季の目標です。印象に残っている試合は開幕戦で初めての開幕投手を務めた試合です。絶対に抑えたい試合で自分の持っているもの以上を出せた気がしました。あの感覚をシーズンを通して続けたいと思います。投球時の首のタイミングや打者相手に単調になりすぎていたと、指摘を頂きましたが投げることばかり考えてしまっていたと思います。しかしスライダーに関しては最初のキャンプでスローイングショットボールを投げた影響で良くなっていたので続けたいと思います。応援ありがとうございました。開幕投手を務めながら最終的に練習生で終わり悔いが残るシーズンでした。来季は底から這い上がるつもりで頑張りますので応援よろしくお願いします。

26 練習生

上野 飛鳥 ASUKA UENO

2003年8月5日生まれ（19歳）／178cm・81kg／B型／左投・左打／新潟県上越市出身／1年目　経歴：上越市針小（板倉スポーツ少年団野球クラブ）→同・板倉中→高田商業高

練習生から2カ月間ではありましたが選手契約となり地元新潟の地でマウンドに立ち、投げることができて良かったです。しかし頂いたチャンスでストライクが入らず打者2人で交代してしまい、不甲斐ない投球となり悔しい結果となりました。球速も向上できなかったので来季は自身の最速を更新できるように頑張ります。また自身の真っスラを生かす投球フォームや考え方などを野間口コーチや吉田一将投手に教えて頂いてとても良くなりました。ブルペンでの過ごし方や緊張のほぐし方なども先輩方から教えて頂きました。今年はいいピッチングを見せられず、振り返ると改めて悔しいと思ったシーズンでした。

来年こそは、実力で契約を勝ち取りサポーターの皆さんに良いピッチングを見せられるように頑張りますので、応援よろしくお願い致します!!

25 練習生

佐藤 滉輔 KOSUKE SATO

1999年10月31日生まれ（23歳）／173cm・75kg／O型／左投・左打／新潟県長岡市出身／1年目　経歴：長岡市立四郎丸小（赤城ベースボールクラブ）→同・南中（長岡リトルシニア）→新潟明訓高→獨協大（準硬式野球部）

今季、終盤に選手登録をして頂きましたが、出場することができず、とても悔しい気持ちが心に残っています。来シーズンが終わった後、充実していたと思える一年であるよう、準備して参ります。

今季印象に残っている出来事は2月に球団と契約をして頂けたこと、これが一番記憶に残っています。子供の時にスタンドから見ていたチームに入ると決まった時、とても感動しました。

準硬式球から硬式球へと握るボールが変わり、また地元新潟県に戻ってきたりなど、変化が多い一年となりました。そのなかで練習生の期間が長く、悩んだ時間も多かったのですが、多くのサポーターの皆様から声を掛けて頂くなど、温かい応援を頂き、とても励みになりました。来シーズンは試合に出場することができるように努力し、地元新潟で輝くことができるよう精進していきます。

引き続き、変わらぬご声援よろしくお願いします。

PLAYER'S MESSAGE

24 捕手

片山 悠 YU KATAYAMA

1999年4月14日生まれ(23歳)／175cm・85kg／O型／右投・右打／大阪府出身／1年目　経歴:岸和田市立城内小(全泉州ボーイズ)→同・岸城中(岸和田ボーイズ)→履正社高→立教大

今季を振り返るとシーズン終盤の7連勝、プレーオフと緊張感のある試合を多く経験できたことが良かった点だと思います。反省点としては大事な試合でのミスや、シーズンを通してプレーが安定していなかったので来シーズンは出し切ったプレーをしたいです。橋上監督から様々な助言を頂きましたが、特に前半戦苦しんだ守備での課題で、アドバイスを受けてから一気に盗塁阻止率の数字が上がり、なにかをつかむきっかけとなりました。野間口コーチからは、「捕手として試合中に投手に声を掛けられずにいる。練習からやってみろ」と指導を頂き、ブルペンから一球、一球に対して何か気が付いたことを声に出す練習を始めました。このことを意識してから試合の中でベンチからの声などスッと聞き取れる部分も増え、余裕が生まれました。お二人には多くのことを教えて頂きましたし、試合中に指摘して頂いたことをすぐに次のイニングで試すなども何度かあり貴重な経験を積ませて頂きました。サポーターの皆様、1年間応援ありがとうございました。試合中の応援や試合後のお見送りで、声を掛けて頂き、非常に嬉しかったです。来シーズンはもっと応援してもらえるよう頑張りたいと思います。

31 練習生

駒井 祐亮 YUSUKE KOMAI

2001年6月10日生まれ(21歳)／175cm・78kg／AB型／左投・左打／山梨県出身／1年目　経歴:甲府市立甲運小→同・東中→山梨学院高→敬愛大(中退)

練習生での途中加入でしたが野球の楽しさ、奥深さをより知ることができたシーズンとなりました。また終盤、選手契約になり今までの野球とは違った視点で過ごす事ができたと思います。レギュラーシーズン最終戦で投げさせて頂き、高校、大学とは違うレベルの高さを肌で感じました。まだまだ自分の実力ではNPBに行けるレベルではないと痛感しました。新潟という初めての場所での生活に当初は慣れない事の方が多かったですが、同年代の選手やレベルの高い選手たちと一緒に練習していく中で得られたものも多く、また自身に足りない部分も多く発見できたと思います。野間口コーチからの投手としての考え方、中村トレーナーからの身体作りでの大切さを教えて頂き私の野球人生の中でもとても良い時間が過ごせました。サポーターの皆様、熱い応援、本当にありがとうございました。途中加入ではありましたが、皆様の温かい眼差しで見守って頂き、「新潟はとても良い所だな」と心の底から思いました。来シーズンまずは選手契約、そして独立リーグ日本一、そしてNPBにいけるように精一杯頑張ります。引き続き、熱い応援よろしくお願い致します。

56 捕手

奥田 昇大 SHODAI OKUDA

1997年6月27日生まれ(25歳)／171cm・80kg／A型／右投・右打／神奈川県出身／3年目　経歴:町田市立南第二小(町田リトル)→同・南成瀬中(町田シニア)→本庄第一高→立正大

捕手として試合出場し、深澤投手の初勝利に貢献でき、良かったと思います。また打撃では終盤での先頭打者での出塁や、チャンスの場面など大事な場面での一本が打てたことは良かった点だと思います。様々なポジションで試合に出場し、多くの経験を積むことができました。今後は捕手として出場した際に、様々な目線での考え方を生かしてリード面などのインサイドワークに繋げていきたいと思います。橋上監督、野間口コーチからバッテリーの考え方など細かい部分でのご指導を頂き、自身の良い面も悪い面も知ることができたシーズンでした。日頃から役割を考えて行動、自分自身の特長や持ち味を再確認し、捕手としてチームに貢献したいです。7年ぶりのプレーオフ進出となりましたがここでの敗戦がとても悔しく、来シーズンこそは日本一になりたいととても強く思いました。終盤の7連勝のような試合を序盤からできるように春からしっかりとチームを鼓舞してプレーしていきたいと思います。4年目となり、チームでは上の立場になりますのでしっかりとチームを支えられる人間となりたいと思います。そして引き続き飽きずに自分の事を応援して頂けたら嬉しいです。チームの勝利に貢献できるように来シーズンも必死に頑張ります。

27 捕手

齋藤 優乃 YUDAI SAITO

1999年6月29日生まれ(23歳)／170cm・70kg／O型／右投・右打／新潟県五泉市出身／5年目　経歴:五泉市立川東小(五泉フェニックス)→同・五泉中(新潟西リトルシニア)→一関学院高

今季初スタメンだった小諸球場での信濃戦で勝利できたことと、マルチ安打を打てたことが良かった点です。しかし自分のセールスポイントである盗塁阻止が全くできなかったこと、スローイングも安定せず、暴投になってしまうことが多く、守備でリズムが作れず、打撃に影響することが多くありました。監督、コーチからスローイング時の足の使い方、送球の狙う位置、投手とのコミュニケーションの取り方など具体的な指導を頂きました。特にスローイング練習に重点を置いて取り組んだ結果、シーズン後半は比較的安定していたと思います。印象に残っている試合は6月29日の信濃戦。7点差をひっくり返し、8対7で勝利した試合がとても印象に残っています。この勝利から信濃とほぼ互角に戦うことができたと思います。来シーズンも新潟で野球を続けます。必ず皆さんが納得のいく結果を残すので来シーズンも熱い応援をよろしくお願いします。

選手メッセージ

13
内野手

大橋 輝一 KIICHI OHASHI

2001年9月14日生まれ（21歳）／175cm・82kg／O型／右投・右打／新潟県新潟市秋葉区出身／3年目　経歴:新潟市立小須戸小（小須戸スポーツ少年団）→同・小須戸中→北越高

3年目として試合前や練習時などの流れを把握した動きができ、自分自身も準備などやらなければならないことを分かって行動できたので良かったと思います。ベンチワークなど試合に出ている選手のためにできることを考えて行動できていたと思います。個人の反省としては昨オフの冬の取り組みが甘かったと思いました。もっと練習をしてキャンプインと同時に動ける体づくりをもっとしておくべきだったと感じます。印象深かった試合は悠久山での信濃戦で、代打出場時にヒットを打てた試合がとても記憶に残っています。監督、コーチから技術面、メンタル面、私生活全てにおいて沢山の指導をして頂きました。その中でも自分はメンタル面で試合に入る前の考え方などを教わりました。今シーズンも沢山の応援ありがとうございました。自分は3年間地元新潟でプレーさせて頂き、サポーターの皆さんの熱い応援があり毎日頑張ることができました。本当にありがとうございました。

6
内野手

熊倉 凌 RYO KUMAKURA

1999年2月3日生まれ（23歳）／174cm・82kg／O型／右投・右打／新潟県糸魚川市出身／2年目　経歴:糸魚川市立糸魚川小（横町ドラゴンズ）→同・糸魚川中（糸魚川リトルシニア）→成立学園高→関西国際大

昨年のオフシーズンに体力作り、筋力アップをし、今季は怪我も無く、試合に出場を重ねることができたので来季も継続していきたいと思います。また打率3割という数字を残すことができましたが、目標であったホームラン15本という数字を達成することができませんでした。その目標を達成するために、この冬に更なる筋力アップやスイングの改造などに、貪欲に取り組んでいきたいと思います。2022年を終えて、改めて自分自身の力の無さを実感しました。しかしながら、シーズン中に橋上監督からバッティング指導を受けるなど、様々な取り組みをして、良くなったりしました。これらのことをしっかりとメモをし、忘れないということが大事だとものすごく感じました。自分自身、言われたことをすぐ忘れたりしていたのですが、橋上監督から「メモを取るように」と教わり、メモを取るようにしてからプレーの波が少しずつなくなっていったと感じました。今後も継続していきたいと思います。サポーターの皆様、今季も熱い応援をありがとうございました。プレーオフにも行けたのは応援の力があったからこそだと思います。来季は、日本一を目指して頑張りますので、引き続き熱い応援をよろしくお願い致します。個人としても、さらに応援される選手になれるように頑張りますので、応援の程よろしくお願い致します。

28
内野手

荒木 友斗 YUTO ARAKI

2003年1月18日生まれ（19歳）／176cm・92kg／B型／右投・右打／新潟県阿賀野市出身／2年目　経歴:阿賀野市立安野小（分田イーグルス）→同・水原中（新津・五泉・村松リトルシニア）→加茂暁星高

試合に出続けられなかったのですがチャンスの場面で代打の機会を頂き、結果を残せたことは良かったと思います。しかしレギュラーを獲得できずに終わってしまい、身体のコンディションを調整することもできなかったのは反省点です。印象に残っている試合は9月3日ビジターでの群馬戦。ダブルヘッダー、そしてプレーオフ進出がかかる緊迫した試合で、HRを打てたこととチームが連勝し、進出を決めたことを強く記憶しています。今シーズンは肩の痛みがあり、思い通りに投げられなかった時に野間口コーチから投げ方を指導して頂き、少しずつですが投げられるようになりました。橋上監督からは守備面を指導して頂き、打撃面でも体重移動や打つポイントなどをアドバイス頂き、向上したと感じます。サポーターの皆様、今シーズン沢山のご声援ありがとうございました。皆様のおかげで7年ぶりのプレーオフ進出を決めることができました。来シーズンは優勝目指して頑張りますのでご声援の程よろしくお願いします。

23
内野手

栗山 謙 KEN KURIYAMA

1998年4月24日生まれ（24歳）／168cm・78kg／A型／右投・右打／新潟県三条市出身／1年目　経歴:三条市立大崎小（大崎スポーツ少年団）→同・大崎中（三条シニア）→新潟明訓高→中央学院大

練習生からのスタートでしたがシーズン終盤に選手契約をして頂き、チャンスが回ってきて、数試合に出場できてチームに貢献できたシーズンでした。春先に怪我をして、約1カ月練習ができない日々が続きましたが橋上監督が必勝祈願の際、仰られた「人事を尽くして天命を待つ」という言葉に何度も救われ、最後までめげずにプレーすることができました。今オフはしっかり身体を作ってシーズンインしたいと思います。印象に残っている試合は地元三条パール金属スタジアムでサヨナラ勝ちをした試合です。あのしびれる試合展開を経験できてチームとして、勢いに乗り、プレーオフに進むことができたと思いました。シーズン中の守備練習の際、橋上監督から掛けて頂いた一声でグローブの角度、打球への入り方、スローイングのコツがつかめ、自身の守備が変わりました野間口さんからメンタル面でのアドバイスを頂き、以前よりも強化できましたし、また稲葉さんを近くで見させて頂き、継続することの大切さを肌で感じることができました。サポーターの皆様、温かいご支援とご声援ありがとうございました。試合後の差し入れや声を掛けて頂き、とても心強かったです。

選手メッセージ PLAYER'S MESSAGE

3 外野手

佐藤 拓実 TAKUMI SATO

2001年9月17日生まれ(21歳)/184cm・92kg/A型/左投・左打/新潟県新潟市西区出身/1年目　経歴:新潟市立大野小(新潟中央リトル)→同・黒埼中(新潟リトルシニア)→遊学館高→創価大(中退)

序盤、ヒットが1本も出ずとても不安でしたが、1本出てから徐々に打てるようになっていって最後の試合となったプレーオフでの信濃戦ではバックスクリーンにHRが打てたので起用して頂いた首脳陣に感謝しています。反省点としては、三振の多さです。自分の魅力は遠くに飛ばす"長打力"なのですが、強く振ろうとしすぎて力が入ってしまい、見境なく振ってしまっていたのがもったいなかったと思います。6月29日の信濃戦が1番印象深い試合でした。序盤7対0とリードされた苦しい状況で、松島選手がHRを打ち、その後、自分も3ランHRを打ち、勝利したことが嬉しかったです。今シーズンで1番変化したと思うのは、バッティングです。今までのバッティングは何でもかんでもフルスイングをしていれば良いと考えていたのですが、ボールをバットの芯でしっかりミートすれば勝手にボールは飛んでいくと橋上監督から教わり、その後、当てただけでホームランになったりするようになったのですごいなと実感しました。1年間熱いご声援ありがとうございました。目標であった日本一は達成できませんでしたが7季ぶりのプレーオフ進出はサポーターの皆様の応援の力があってのものだと思ってます。来シーズンも熱いご声援よろしくお願い致します。

42 内野手

熊谷 航 WATARU KUMAGAI

1999年2月24日生まれ(23歳)/180cm・103kg/AB型/右投・左打/千葉県出身/2年目　経歴:仙台市立高森小(泉パークタウンスプリングス)→同・高森中(泉ボーイズ)→東北高→大阪体育大

前半、打撃に苦戦しましたが橋上監督と様々な意見交換を入念に行い、試行錯誤した結果、後半、チームに貢献できる打撃ができたと思います。また去年よりも勝つ事をチームで徹底し、野球以外の面でも仲間との絆を深められました。しかし雑なプレーがところどころ出てしまいました。監督に技術面ではなく、気持ちの波を作らないこと、集中力のオンとオフの切り替わりをしっかりとすること、それによって自分のプレーは最大限に発揮できると指導頂き、すぐに修正することができましたが最初から意識して集中すれば、ミスを減らせたと思います。打撃面では逆方向への打球を強く打つことが課題でした。監督から力みであったり、力の入れどころの悪さを指摘頂き、日々修正、特訓を行い、その結果、ビジターでの群馬最終戦で逆方向へ逆転となるホームランに繋がりました。新潟での野球生活は初めてでしたが、サポーターの皆様の温かい声援を目の当たりにし、とても心強かったです。独立リーグ日本一とはなりませんでしたが、来年こそは日本一を取れる力のあるチームです。引き続き、新潟アルビレックスBCへの応援よろしくお願いします。個人としてはレベルアップを経て、新潟に戻ってきたいと思います。本当にありがとうございました。

マネージャー兼トレーナー

中村 勇人 HAYATO NAKAMURA

埼玉県出身
経歴:新座柳瀬高→群馬パース大

今季は、データを作ることに昨年以上に時間を割きながら挑戦し、それが選手やチームの結果に繋がったときはとても嬉しく感じました。また、トレーナーとしても投手陣の奮闘は嬉しく思いました。ですが、振り返ると特にマネージャーとして、入団後で1番大変なシーズンでした。様々な面でたくさん苦労した1年でしたが、その分多くのことを感じることのできる1年でもありました。印象に残った試合は、5月5日悠久山の試合です。開幕戦で故障をしてしまい、必死でリハビリをしてきた稲葉大樹選手の復帰打席をスタンドの皆さんが大きな拍手で迎えてくれたあの瞬間はとても感動的でした。今季は7年ぶりにプレーオフ進出を果たしました。プレーオフは1点差の試合でしたが、まだまだ差を感じました。しかし、プレーオフに進出できたことで、明確なビジョンが見えてきた1年だったと思います。来季はいままで以上にプレーもそれ以外も地域の子どもたちの見本となるチームになれるよう、取り組んでいきます。サポーターの皆様、今季も応援ありがとうございました。来季こそはリーグ優勝、独立リーグ日本一、NPB輩出の3つが同時に達成できるシーズンにしていきたいと思いますので、引き続き、変わらぬ応援よろしくお願いします。

34 外野手

阿部 裕二朗 YUJIRO ABE

2001年3月2日生まれ(21歳)/171cm・75kg/A型/左投・左打/新潟県新潟市東区出身/4年目　経歴:新潟市立東山の下小(NSジュニア)→同・藤見中(新潟ヤング)→北越高

イニングの先頭で代打出場や大事な場面での犠打などを決められたことは良かったのですが、守備がなかなか上手くいかず、昨年より出場試合を減らしてしまったシーズンとなりました。ゴロ捕球の練習を多くこなし、後半には少しずつですが形になり、補殺も記録することもできました。来年はさらに良くしていきたいと思います。印象深かった試合は、エコスタで行われた埼玉武蔵との一戦。9回1点ビハインドの場面、先頭打者の代打で起用して頂き、出塁必須の場面でヒットを放ち、3年ぶりの逆転サヨナラ勝利を呼び込めたことを強く記憶しています。また橋上監督の指導で、犠打練習の意識を高く持って練習しました。今まで行っていた犠打方法と違い、左足を意識することによって上手く転がせるようになり、試合でも犠打を成功する事ができました。サポーターの皆様、熱いご声援ありがとうございました。7年ぶりのプレーオフに進出することはできましたが勝ちきれませんでした。来シーズンこそリーグ優勝、独立リーグ日本一を達成できるよう頑張りますので引き続き熱いご声援よろしくお願いします。

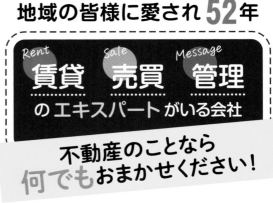

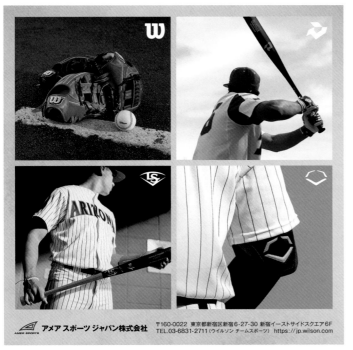

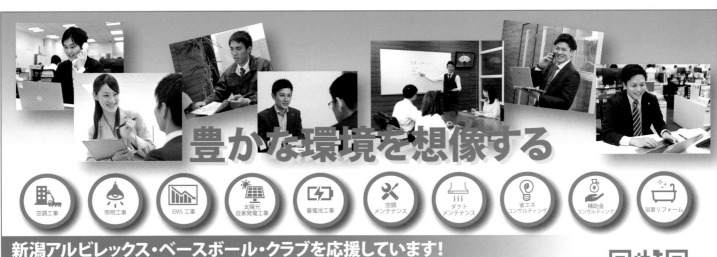

2022年シーズン 試合結果

日程	ホーム	スコア	ビジター	球場	開始時間	試合時間	入場者数
4月9日(土)	信濃	2-1	新潟	オリスタ	13:02	2時間41分	613人
4月10日(日)	新潟	1-9	信濃	悠久山	13:03	3時間05分	719人
4月16日(土)	新潟	3-1	群馬	エコスタ	13:00	3時間05分	483人
4月19日(火)	福島	10-6	新潟	牡丹台	13:00	3時間35分	73人
4月22日(金)	新潟	2-7	信濃	悠久山	13:00	3時間03分	232人
4月23日(土)	新潟	8-5	福島	悠久山	13:00	3時間30分	299人
4月24日(日)	信濃	8-5	新潟	松本	13:01	3時間20分	383人
4月29日(金)	新潟	2-2	群馬	高田	13:00	1時間58分	210人
4月30日(土)	信濃	3-5	新潟	大栄小諸	14:01	3時間10分	415人
5月1日(日)	福島	11-3	新潟	南会津	13:02	2時間04分	68人
5月3日(火)	群馬	3-3	新潟	城南	17:01	3時間37分	367人
5月4日(水)	群馬	13-2	新潟	城南	17:01	2時間45分	359人
5月5日(木)	新潟	8-9	福島	悠久山	13:00	3時間55分	656人
5月6日(金)	新潟	-	西武(ファーム)	悠久山	13:00	中止	
5月7日(土)	新潟	5-3	福島	ベーマガ	13:01	3時間14分	606人
5月8日(日)	新潟	4-6	福島	パールスタジアム	13:00	2時間59分	275人
5月11日(水)	新潟	3-3	栃木	みどり森	18:00	3時間03分	226人
5月12日(木)	新潟	-	茨城	みどり森	18:00	中止	
5月14日(土)	新潟	3-7	神奈川	エコスタ	13:01	3時間16分	1618人
5月15日(日)	新潟	4-3	埼玉	エコスタ	13:00	2時間33分	806人
5月18日(水)	神奈川	2-8	新潟	中井	14:01	3時間44分	85人
5月20日(金)	埼玉	4-6	新潟	UD上尾スタ	17:01	3時間12分	127人
5月22日(日)	茨城	8-11	新潟	茨城県営	13:01	3時間21分	332人
5月23日(月)	栃木	7-5	新潟	小山	17:00	3時間07分	168人
5月28日(土)	新潟	6-8	信濃	悠久山	13:00	3時間54分	427人
5月29日(日)	新潟	3-9	信濃	高田	13:00	3時間12分	762人
6月1日(水)	信濃	4-1	新潟	長野県営	18:00	3時間02分	163人
6月2日(木)	新潟	11-3	茨城	みどり森	18:00	2時間49分	133人
6月4日(土)	新潟	1-2	巨人(三軍)	エコスタ	18:00	2時間38分	2675人
6月5日(日)	新潟	3-1	巨人(三軍)	エコスタ	13:00	2時間38分	1302人
6月7日(火)	新潟	-	福島	パールスタジアム	18:00	中止	
6月10日(金)	福島	2-3	新潟	しらさわ	13:01	3時間18分	28人
6月11日(土)	信濃	9-3	新潟	伊那スタ	13:01	3時間08分	279人
6月12日(日)	福島	5-10	新潟	鶴沼	13:00	3時間52分	103人
6月17日(金)	群馬	9-5	新潟	城南	17:31	3時間07分	179人
6月18日(土)	新潟	15-2	群馬	五泉	13:00	2時間51分	577人
6月19日(日)	新潟	3-15	群馬	悠久山	13:00	3時間30分	776人
6月29日(水)	新潟	8-7	信濃	悠久山	13:00	3時間33分	257人

日程	ホーム	スコア	ビジター	球場	開始時間	試合時間	入場者数
6月30日(木)	新潟	4-0	信濃	悠久山	13:00	2時間54分	204人
7月2日(土)	新潟	20-1	福島	佐藤池	13:00	2時間49分	415人
7月3日(日)	新潟	3-6	福島	佐藤池	12:57	3時間23分	594人
7月8日(金)	信濃	5-4	新潟	中野	18:00	3時間52分	245人
7月9日(土)	福島	4-3	新潟	西会津	13:33	2時間54分	144人
7月10日(日)	新潟	3-7	福島	エコスタ	13:00	3時間22分	903人
7月12日(火)	群馬	-	新潟	城南	17:30	中止	
7月13日(水)	群馬	9-0	新潟	城南	17:32	2時間42分	109人
7月16日(土)	信濃	3-3	新潟	長野県営	13:01	4時間03分	145人
7月18日(月)	新潟	8-4	群馬	美山	14:04	3時間50分	451人
7月23日(土)	新潟	-	群馬	五泉	13:00	中止	
7月24日(日)	新潟	0-8	信濃	見附	13:00	3時間19分	347人
7月27日(水)	群馬	1-3	新潟	前橋市民	17:30	2時間18分	406人
7月28日(木)	群馬	4-5	新潟	桐生	17:01	4時間43分	422人
8月4日(木)	群馬	-	新潟	城南	17:30	中止	
8月6日(土)	新潟	-	群馬	荒川	13:00	中止	
8月7日(日)	信濃	1-3	新潟	しんきん諏訪	13:01	3時間27分	258人
8月9日(火)	信濃	2-0	新潟	中野	18:01	3時間42分	426人
8月11日(木)	福島	2-8	新潟	開成山	16:08	3時間20分	271人
8月13日(土)	群馬	-	新潟	城南	17:30	中止	
8月14日(日)	福島	2-5	新潟	開成山	16:02	3時間04分	259人
8月16日(火)	新潟	-	群馬	五泉	13:00	2回表ノーゲーム	
8月20日(土)	新潟	0-0	信濃	悠久山	14:16	2時間05分	220人
8月21日(日)	新潟	1-6	群馬	悠久山	13:00	3時間05分	623人
8月23日(火)	新潟	1-0	信濃	五十公野	18:00	2時間56分	239人
8月24日(水)	新潟	0-2	群馬	五十公野	15:00	2時間13分	140人
※ダブルヘッダー	新潟	6-6	群馬	五十公野	18:00	2時間50分	284人
8月27日(土)	福島	4-6	新潟	南部	13:32	3時間14分	148人
8月28日(日)	福島	-	新潟	いいたて	13:30	中止	
8月30日(火)	新潟	6-3	群馬	五泉	13:00	3時間06分	183人
8月31日(水)	新潟	1-0	福島	パールスタジアム	18:00	3時間03分	196人
9月1日(木)	群馬	-	新潟	城南	17:30	中止	
9月3日(土)	群馬	2-5	新潟	伊勢崎	12:01	2時間40分	396人
※ダブルヘッダー	群馬	4-8	新潟	伊勢崎	15:10	2時間44分	449人
9月4日(日)	新潟	9-4	福島	エコスタ	13:00	3時間25分	1298人
9月5日(月)	群馬	5-6	新潟	城南	17:30	3時間42分	184人
9月6日(火)	福島	8-7	新潟	しらさわ	13:01	3時間24分	92人

2022年シーズン 順位表

▶ 北地区

順位	チーム名	試合数	勝	敗	分	勝率	ゲーム差
1	信濃	63	37	21	5	.638	優勝
2	新潟	64	30	28	6	.517	7.0
3	群馬	65	29	30	6	.492	1.5
4	福島	60	19	41	0	.317	10.5

▶ 南地区

順位	チーム名	試合数	勝	敗	分	勝率	ゲーム差
1	茨城	66	40	24	2	.625	優勝
2	栃木	64	29	28	7	.509	7.5
3	埼玉	58	24	29	5	.453	3.0
4	神奈川	62	22	35	5	.386	4.0

	対福島			対群馬			対新潟			対信濃			対茨城			対栃木			対埼玉			対神奈川			対巨人			対西武		
チーム名	勝	負	分	勝	負	分	勝	負	分	勝	負	分	勝	負	分	勝	負	分	勝	負	分	勝	負	分	勝	負	分	勝	負	分
福島	—	—	—	5	13	0	8	10	0	5	12	0	0	2	0	0	1	0	1	1	0	0	2	0	0	0	0	0	0	0
群馬	13	5	0	—	—	—	6	9	3	6	9	3	0	2	0	0	2	0	1	1	0	1	1	0	1	1	0	1	0	0
新潟	10	8	0	9	6	3	—	—	—	5	11	2	2	0	0	0	1	1	2	0	0	1	1	0	1	1	0	0	0	0
信濃	12	5	0	9	6	3	11	5	2	—	—	—	2	0	0	1	1	0	1	1	0	1	1	0	0	2	0	0	0	0
茨城	2	0	0	2	0	0	0	2	0	0	2	0	—	—	—	12	4	2	11	6	0	12	6	0	1	3	0	0	1	0
栃木	1	0	0	2	0	0	1	0	1	1	1	0	4	12	2	—	—	—	10	5	2	9	6	2	1	3	0	0	1	0
埼玉	1	1	0	1	1	0	0	2	0	1	1	0	6	11	0	5	10	2	—	—	—	8	3	3	2	0	0	0	0	0
神奈川	2	0	0	1	1	0	1	1	0	1	1	0	6	12	0	6	9	2	3	8	3	—	—	—	2	2	0	0	1	0

ルートインBCリーグ2022プレーオフ結果

地区チャンピオンシップ(北地区)

信濃グランセローズ(優勝) VS 新潟アルビレックスBC(2位)

信濃が2勝0敗

※地区優勝球団に1勝のアドバンテージ

地区チャンピオンシップ(南地区)

茨城アストロプラネッツ(優勝) VS 栃木ゴールデンブレーブス(2位)

茨城が2勝1敗

※地区優勝球団に1勝のアドバンテージ

BCLチャンピオンシップ

信濃グランセローズ(北地区優勝) VS 茨城アストロプラネッツ(南地区優勝)

信濃が3勝0敗

日本独立リーググランドチャンピオンシップ2022結果

1回戦

高知ファイティングドッグス(四国IL代表) VS 信濃グランセローズ(ルートインBCL代表)

1—6で信濃が勝利(信濃が決勝進出)

1回戦

士別サムライブレイズ(北海道フロンティアL代表) VS 火の国サラマンダーズ(ヤマエ久野 九州アジアL代表)

0—23で火の国が勝利(火の国が決勝進出)

3位決定戦

高知ファイティングドッグス(四国IL代表) VS 士別サムライブレイズ(北海道フロンティアL代表)

16—1で高知が勝利(高知が3位)

決勝

火の国サラマンダーズ(ヤマエ久野 九州アジアL代表) VS 信濃グランセローズ(ルートインBCL代表)

6—0で火の国が勝利(火の国が優勝)

2022年シーズン 投手・打撃成績表

▶ チーム投手成績

チーム名	防御率	試合	勝	敗	S	完投	投球回数	被安打	被本打	奪三振	与四球	与死球	失点	自責	暴投	ボーク	失策
福島	5.08	60	17	38	5	6	503 1/3	594	24	281	216	53	362	284	59	4	8
群馬	3.49	65	28	30	9	2	533 2/3	549	21	366	231	42	270	207	29	1	6
新潟	4.38	64	28	26	13	1	532 2/3	549	37	442	200	50	299	259	32	3	7
信濃	2.67	63	36	20	8	8	533	485	26	417	132	32	197	158	25	2	7
茨城	3.49	66	40	24	18	1	570	574	23	476	264	41	303	221	48	3	10
栃木	4.58	64	29	28	13	2	551 2/3	585	44	348	242	40	339	281	45	4	6
埼玉	3.93	58	24	29	8	5	489 2/3	547	26	362	176	29	272	214	33	2	8
神奈川	4.69	62	22	35	9	3	526	537	31	511	259	45	327	274	34	2	7

▶ チーム打撃成績

チーム名	打率	試合	打数	得点	安打	二打	三打	本打	打点	三振	四球	死球	犠打	犠飛	盗塁	失策	併殺
福島	.248	60	1960	209	486	79	8	20	183	405	152	42	40	11	60	83	25
群馬	.261	65	1996	272	520	96	16	34	245	406	191	42	42	17	102	80	38
新潟	.286	64	2059	292	588	88	18	21	263	348	192	51	46	26	84	47	40
信濃	.280	63	2006	316	561	103	28	20	279	343	236	45	81	23	74	46	39
茨城	.278	66	2196	381	610	95	24	42	339	474	238	66	9	22	128	77	40
栃木	.264	64	2101	308	554	82	7	39	281	463	263	33	26	18	102	72	46
埼玉	.263	58	1858	258	489	67	19	26	214	409	185	27	39	16	73	72	47
神奈川	.260	62	2055	295	534	81	17	21	247	370	267	22	31	18	36	64	56

▶ 個人投手成績

背番号	選手名	防御率	試合	勝	敗	S	完投	投球回数	打者	球数	被安打	被本打	奪三振	与四球	与死球	失点	自責	暴投	ボーク	失策
11	上村 知輝	3.07	46	6	1	0	0	55 2/3	225	852	50	2	52	11	4	20	19	4	0	0
12	下川 隼佑	4.72	21	4	6	0	0	87 2/3	384	1512	87	12	73	28	10	58	46	4	1	3
14	佐藤 雄飛	0.00	1	0	0	0	0	2	8	24	2	0	2	0	0	0	0	0	0	0
15	中園 大樹	5.12	28	1	4	0	0	65	288	1093	67	5	39	31	4	37	37	12	1	0
16	深澤 史遠	4.88	20	5	5	0	0	59	274	984	67	4	50	27	6	43	32	5	0	1
17	田村 颯瀬	5.29	21	2	4	0	1	64 2/3	292	1096	73	4	47	27	3	40	38	1	0	0
18	吉田 一将	2.48	36	1	0	13	0	36 1/3	143	544	28	2	50	3	2	11	10	1	0	0
19	山田 将生	3.38	25	2	1	0	0	45 1/3	204	821	46	2	36	21	6	22	17	1	0	1
20	小林 駿	5.96	24	3	1	0	0	25 2/3	129	534	33	4	19	19	3	17	17	0	0	0
21	岩鼻 勇輝	0.00	7	0	0	0	0	6	24	93	3	0	4	2	2	0	0	0	0	0
25	佐藤 滉輔	―	―	―	―	―	―	― ―	―	―	―	―	―	―	―	―	―	―	―	―
26	上野 飛鳥	0.00	2	0	0	0	0	2/3	5	18	0	0	0	3	0	0	0	0	0	0
30	原田 健太	6.62	10	1	0	0	0	17 2/3	85	321	23	1	16	9	4	13	13	0	0	0
31	駒井 祐亮	18.00	1	0	0	0	0	2	13	43	4	0	1	3	0	4	4	0	0	0
42	熊谷 航	10.80	1	0	1	0	0	1 2/3	9	40	3	0	1	1	0	2	2	0	0	0
47	髙橋 駿	6.35	24	0	1	0	0	17	76	283	19	1	13	6	3	14	12	0	0	1
49	ラッツキー	2.33	18	3	2	0	0	46 1/3	192	728	44	0	39	9	3	18	12	4	1	1

▶ 個人打撃成績

背番号	選手名	ポジション	打率	試合	打数	得点	安打	二打	三打	本打	打点	三振	四球	死球	犠打	犠飛	盗塁	失策	併殺
24	片山 悠	捕手	.212	44	113	7	24	7	0	0	14	18	6	0	6	3	0	3	2
27	齋藤 優乃	捕手	.197	32	66	7	13	0	0	0	1	14	5	1	6	0	0	3	1
56	奥田 昇大	捕手	.276	48	127	20	35	7	0	1	11	21	16	3	3	0	0	0	3
2	稲葉 大樹	内野手	.224	30	76	10	17	1	1	1	2	1	12	2	1	0	0	0	2
5	山河 楓	内野手	.000	1	3	0	0	0	0	0	0	0	0	0	0	0	0	0	1
6	熊倉 凌	内野手	.302	57	192	18	58	8	2	0	30	33	16	8	5	2	2	8	5
7	松島 恒陽	内野手	.310	57	197	42	61	7	3	4	30	28	29	7	5	2	6	8	2
13	大橋 輝一	内野手	.083	20	12	2	1	0	0	0	1	3	0	0	2	0	0	3	1
23	栗山 謙	内野手	.286	6	7	1	2	0	0	0	0	3	0	0	1	0	0	0	0
28	荒木 友斗	外野手	.307	45	114	17	35	4	1	2	18	11	11	0	1	2	0	0	3
42	熊谷 航	外野手	.267	64	243	32	65	11	1	6	42	61	16	4	0	5	3	11	2
3	佐藤 拓実	内野手	.212	57	184	20	39	6	1	4	28	60	10	4	0	2	1	4	3
8	藤原 大智	内野手	.337	64	267	50	90	7	2	0	14	28	15	1	8	1	29	3	5
9	小池 智也	外野手	.364	62	214	30	78	22	4	3	47	24	33	1	0	7	8	0	2
34	阿部 裕二朗	外野手	.218	31	55	6	12	0	0	0	3	15	1	0	3	0	0	1	4
51	阿部 一心	外野手	.307	60	189	30	58	8	3	0	22	28	22	20	5	2	35	3	4

2022年シーズン 投手成績ランキング｜4部門｜

｜防御率ベスト10｜

順位	選手名	チーム名	防御率
1	小野寺 賢人	埼玉	1.65
2	鈴木 駿輔	信濃	1.76
3	平川 裕太	群馬	2.14
4	乾 真大	神奈川	2.18
5	武内 風希	埼玉	2.21
6	荒西 祐大	信濃	2.29
7	二宮 衣沙貴	茨城	2.59
8	山本 晃大	信濃	2.90
9	上村 知輝	新潟	3.07
10	大宅 健介	栃木	3.08

｜勝利数ベスト5｜

順位	選手名	チーム名	勝利
1	鈴木 駿輔	信濃	11
2	二宮 衣沙貴	茨城	10
3	山本 晃大	信濃	9
4	深澤 恒平	群馬	8
5	荒西 祐大	信濃	7
5	福田 夏央	茨城	7

｜奪三振ベスト5｜

順位	選手名	チーム名	奪三振
1	乾 真大	神奈川	96
2	鈴木 駿輔	信濃	94
3	荒西 祐大	信濃	90
4	若松 駿太	福島	81
5	下川 隼佑	新潟	73
5	小野寺 賢人	埼玉	73

｜セーブ数ベスト5｜

順位	選手名	チーム名	セーブ
1	森 祐樹	茨城	16
2	吉田 一将	新潟	13
3	高野 圭佑	栃木	12
4	倉橋 瞳人	埼玉	6
5	塩田 裕一	信濃	4
5	田代 大輝	神奈川	4

2022年シーズン 打撃成績ランキング｜4部門｜

｜打率ベスト10｜

順位	選手名	チーム名	打率
1	小池 智也	新潟	.364
2	内山 竣	茨城	.350
3	宇佐美 真太	信濃	.347
4	奥村 光一	群馬	.339
5	藤原 大智	新潟	.337
6	大川 陽大	信濃	.326
7	海老根 拓弥	神奈川	.311
8	松島 恒陽	新潟	.310
9	上田 政宗	茨城	.3083
10	佐藤 優悟	福島	.3077
10	福原 大生	福島	.3077
10	佐久田 英尚	茨城	.3077

｜本塁打ベスト5｜

順位	選手名	チーム名	本打
1	土田 佳武	茨城	9
1	石川 慧亮	栃木	9
3	新山 進也	群馬	8
3	有間 裕亮	群馬	8
3	野中 大輝	茨城	8

｜打点ベスト5｜

順位	選手名	チーム名	打点
1	土田 佳武	茨城	49
2	小池 智也	新潟	47
3	大川 陽大	信濃	45
4	熊谷 航	新潟	42
5	石川 慧亮	栃木	41
5	叺田 本気	栃木	41

｜盗塁ベスト5｜

順位	選手名	チーム名	盗塁
1	安田 寿明	茨城	37
2	上田 政宗	茨城	36
3	阿部 一心	新潟	35
4	奥村 光一	群馬	31
5	藤原 大智	新潟	29

2022年シーズン MVP・ベストナイン

▶ 月間MVP｜投手・野手｜

		選手名	チーム名	成績			
4月度	北地区（投手）	鈴木 駿輔	信濃	2試合2勝	投球回11	防御率0.82	奪三振11
	北地区（野手）	新山 進也	群馬	打率.464（28打数13安打）		本塁打1	打点4 盗塁0
	南地区（投手）	小野寺 賢人	埼玉	2試合1勝 完投2	投球回18	防御率1.00	奪三振17
	南地区（野手）	中村 和希	埼玉	打率.455（33打数15安打）		本塁打0	打点6 盗塁1
5月度	北地区（投手）	鈴木 駿輔	信濃	4試合3勝1敗 完投1	投球回28	防御率1.61	奪三振22
	北地区（野手）	大川 陽大	信濃	打率.382（55打数21安打）		本塁打2	打点10 盗塁1
	南地区（投手）	乾 真大	神奈川	3試合2勝 完投1	投球回18	防御率3.50	奪三振17
	南地区（野手）	上田 政宗	茨城	打率.381（42打数16安打）		本塁打0	打点9 盗塁13
6月度	北地区（投手）	宮野 結希	信濃	3試合2勝 完投1	投球回19 1/3	防御率1.86	奪三振16
	北地区（野手）	藤原 大智	新潟	打率.431（51打数22安打）		本塁打0	打点5 盗塁9
	南地区（投手）	大宅 健介	栃木	2試合2勝 完投1	投球回16	防御率2.25	奪三振14
	南地区（野手）	内山 竣	茨城	打率.426（47打数20安打）		本塁打3	打点8 盗塁4
7月度	北地区（投手）	荒西 祐大	信濃	4試合2勝	投球回28	防御率2.89	奪三振21
	北地区（野手）	小池 智也	新潟	打率.515（33打数17安打）		本塁打1	打点16 盗塁1
	南地区（投手）	二宮 衣沙貴	茨城	4試合4勝	投球回21	防御率1.71	奪三振16
	南地区（野手）	野中 大輝	茨城	打率.400（35打数14安打）		本塁打0	打点6 盗塁0
8.9月度	北地区（投手）	鈴木 駿輔	信濃	5試合3勝1敗 完投1	投球回37	防御率1.22	奪三振34
	北地区（野手）	古屋 旺星	信濃	打率.413（46打数19安打）		本塁打0	打点6 盗塁0
	南地区（投手）	小野寺 賢人	埼玉	4試合3勝 完投1	投球回28	防御率0.32	奪三振25
	南地区（野手）	高橋 駿	茨城	打率.400（45打数18安打）		本塁打0	打点9 盗塁1

▶ シーズンMVP｜投手・野手｜

ポジション	選手名	チーム名	成績		
投手	鈴木 駿輔	信濃	17試合	11勝3敗1S 完投3 投球回112 2/3	防御率1.76 奪三振94
野手	小池 智也	新潟	62試合	打率.364（214打数78安打）	本塁打3 打点47 盗塁8

▶ ベストナイン

ポジション	選手名	チーム名
投手	小野寺 賢人	埼玉
捕手	田島 光祐	信濃
一塁手	宇佐美 真太	信濃
二塁手	上田 政宗	茨城
三塁手	小西 慶治	信濃

ポジション	選手名	チーム名
遊撃手	金子 功児	埼玉
外野手	内山 竣	茨城
外野手	藤原 大智	新潟
外野手	大川 陽大	信濃
指名打者	安田 寿明	茨城

2022年シーズン規定投球回・規定打席

［規定投球回］ 規定投球回は、所属球団の試合数×0.8回とする。

［規定打席］ 規定打席は、所属球団の試合数×2.7打席とする。

2022年シーズン
ルートインBCリーグ運営体制報告

●参加球団数:全8球団

●2地区制:北地区・南地区

【北地区】 福島レッドホープス(福島県)　群馬ダイヤモンドペガサス(群馬県)
新潟アルビレックスBC(新潟県)　信濃グランセローズ(長野県)

【南地区】 茨城アストロプラネッツ(茨城県)　栃木ゴールデンブレーブス(栃木県)
埼玉武蔵ヒートベアーズ(埼玉県)　神奈川フューチャードリームス(神奈川県)

●通期制

●開催期間

● BCリーグ公式戦　2022年04月09日(土)〜09月07日(水)

● 地区CS・リーグCS　2022年09月10日(土)〜09月23日(金)

● 日本独立LグランドCS　2022年09月30日(金)〜10月01日(土)

ROUTE INN BCL 加盟球団

●公式戦開催試合数

● 予定:280試合
北地区65試合【ホーム34試合・ビジター31試合】
南地区67試合【ホーム36試合・ビジター31試合】

● 結果:263試合
福島ー5試合・群馬±0試合・新潟ー1試合・信濃ー2試合
茨城ー1試合・栃木ー3試合・埼玉ー9試合・神奈川ー5試合

●プレーオフ

● 地区チャンピオンシップ
北地区:1位・信濃と2位・新潟が対戦→信濃グランセローズが優勝
南地区:1位・茨城と2位・栃木が対戦→茨城アストロプラネッツが優勝

● BCリーグチャンピオンシップ
北地区優勝・信濃と南地区優勝・茨城が対戦→信濃グランセローズが優勝

● 日本独立リーググランドチャンピオンシップ2022(熊本県藤崎台県営野球場)
四国アイランドリーグplus優勝チーム・高知、ルートインBCリーグ優勝チーム・信濃、
ヤマエ久野 九州アジアリーグ優勝チーム・火の国、北海道フロンティアリーグ優勝チーム・士別の4チームが対戦
→火の国サラマンダーズが優勝

2022年シーズン
ホームゲーム開催報告

新潟県内各地での公式戦開催路線を継続しました。公式戦33試合を11球場で開催しました。

エコスタ(新潟市)⑦　悠久山(長岡市)⑩　パールスタジアム(三条市)②　みどり森(新潟市)②　五十公野(新発田市)③　五泉(五泉市)②
佐藤池(柏崎市)②　高田(上越市)②　見附(見附市)①　ベーマガ(南魚沼市)①　美山(糸魚川市)①

※大変残念ながら、広神(魚沼市)、源土(刈羽村)は、新型コロナウイルス感染症の影響によって開催を断念しました。
※荒川(村上市)は、8月3日からの大雨災害で球場が使用できなくなったため五十公野で振替開催とさせて頂きました。
※5月6日の西武二軍戦(悠久山)は、新型コロナウイルス感染症の影響で西武のチーム編成が困難となり中止となりました(未消化扱い)。

2022年シーズンも熱いご声援、誠にありがとうございました。
サポーターの皆様に心より感謝申し上げます。

合計19,136人／33試合(昨シーズン=16,906人／35試合)　平均580人(昨シーズン=483人)

※新潟アルビレックスBCは、日本独立リーグにおいて、過去16シーズンで通算9回の平均入場者数No.1を達成しています。

ルートインBCリーグ公式戦 ナミックスプレゼンツゲーム
VS群馬ダイヤモンドペガサス

HARD OFF ECOスタジアム新潟
13:00試合開始
4/16 土

○3-1　入場者数483人

オフィシャルスポンサーであるナミックス様のプレゼンツゲーム。スペシャルゲスト･「代打の神様」八木裕さんに始球式を務めて頂きました。サポーターの皆様の前で今シーズン初勝利を飾りました。

ルートインBCリーグ公式戦 コメリサンクスデー
VS神奈川フューチャードリームス

HARD OFF ECOスタジアム新潟
13:00試合開始
5/14 土

●3-7　入場者数1,618人

スペシャルゲストとして、荒木大輔さん、ギャオス内藤さん、つば九郎さんにお越し頂きました。オリジナルクリアファイルのプレゼントや5回終了後のプレゼント抽選会等のイベントを実施させて頂きました。

ルートインBCリーグ公式戦 新潟日報 電子版 サンクスデー
VS埼玉武蔵ヒートベアーズ

HARD OFF ECOスタジアム新潟
13:00試合開始
5/15 日

○4-3　入場者数806人

スペシャルゲストとして、野球日本代表トップチーム「侍ジャパン」の栗山英樹監督、ギャオス内藤さん、新潟日報電子版アンバサダーの越乃リュウさんにお越し頂き、トークショーやプレゼント企画を実施させて頂きました。

ルートインBCリーグ公式戦 2022復興支援ゲーム
VS読売ジャイアンツ(三軍)

HARD OFF ECOスタジアム新潟
18:00試合開始
6/4 土

●1-2　入場者数2,675人

駒田徳広監督率いる読売ジャイアンツ(三軍)との交流戦。今シーズン最多となる約2,700人のサポーターの皆様にご来場頂きました。惜敗しましたが、緊迫した見所満載のゲーム展開となりました。

ルートインBCリーグ公式戦 アルファスグループプレゼンツゲーム
VS読売ジャイアンツ(三軍)

HARD OFF ECOスタジアム新潟
13:00試合開始
6/5 日

○3-1　入場者数1,302人

ユニフォームスポンサーであるアルファスグループ様のプレゼンツゲーム。約1,300人のサポーターの皆様にお越し頂いた中、7投手の粘投で僅差のゲームを制することができました。

ルートインBCリーグ公式戦 クラフティサンクスデー
VS福島レッドホープス

HARD OFF ECOスタジアム新潟
13:00試合開始
9/4 日

○9-4　入場者数1,298人

ユニフォームスポンサーであるクラフティ様のサンクスデー。ホーム最終戦における選手たちの雄姿を見届けようと多くのサポーターの皆様にお越し頂いた中、見事快勝で飾ることができました。

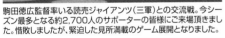

れ、中継をお楽しみいただきながら活躍した選手に「投げ銭」をいただくイベントを実施いたしました。5回裏終了後CM内でもスポーツギフティングを紹介し昨年以上に、球場外でも皆様にアルビBCを楽しんでいただけました。

ご視聴いただいた皆様、インターネット中継の実施に際し、ご協力いただいた株式会社クラフティの皆様、実況、解説の皆様、大変ありがとうございました。

実況コメント

【齋藤洋一郎氏】

2022年シーズンもスタッフ一同の素晴らしいチームワークで楽しくマイクに向かえました。ありがとうございました。アルビレックスBCも7年ぶりにプレーオフ出場、強豪信濃に7点差の大逆転、抑えの吉田選手の無死満塁のピンチ切り抜けサヨナラ勝ちへなど、実況冥利に尽きる一年でした。

来季も戦力充実、ワクワク、ドキドキの中継をスタッフ一同でつくり上げたいです。来季も応援してください。

【中村博和氏】

私が子供のころ、野球中継と言えば夜7時から始まり、最大でも9時24分まで。ゲームセットの瞬間は見れてもプレーボールを含め、1試合すべてを見ることは少なかったと思います。

今季もホームゲーム全試合生配信。リアルタイムでまたアーカイブでアルビの試合をまるごと楽しめる。クラフティさんに感謝です。これからも真剣かつ面白く。球場の臨場感をお伝えすべく頑張ります。来季こそチャンピオンシップまで実況させてください。

クラフティ中継スタッフコメント

【プロダクション営業部 中山健太郎氏】

屋外でカメラを担当していたこともあり、選手の方々の闘志あふれるプレー、サポーターの方々の熱い声援を間近に見て、球場の一体感は他にはない素晴らしいものだと実感しました。共に戦えていることを誇りに思い、来シーズンもチームがもっと盛り上がるような配信を心掛けていきます!

【新潟営業所 営業課 及川誠広氏】

アルビBCの選手の皆様、7年ぶりの地区CS進出おめでとうございました。最後の最後まで試合に熱狂していました。配信メンバーの一員として御礼申し上げます。感動をありがとうございました!

野球中継は大変やり甲斐があります。ファインプレーやジャッジが難しい場面のスローモーションリプレイ再生、マルチカメラ同時収録が可能な為、演出や配信の最後のダイジェストなどに使われていた機材が3playという機材です。私が1番最初に触れた機材が3playでした。何より自分が作成したダイジェストが配信の最後に流れるのが嬉しかったです。こだわりもたくさんあり、とてもやり甲斐を感じました。配信が益々盛り上がる様に全力でサポートします!

【新潟営業所 営業課 岡本潤一氏】

「アルビBCライブ」のお手伝いをさせていただき3シーズン、配信開始後初のプレーオフにも進出し、共に戦った充実したシーズンでした。

今シーズン特に印象に残った試合は信濃戦(5/28悠久山)です。9回裏代打で大橋選手のセンター前ヒットを皮切りに5点差から2点差まで追い上げた一打です。現役引退となりましたが、ガッツポーズと笑顔がとても印象的で北越魂を見せてもらいました。

ライブ配信はいかに視聴者の皆様へ球場で観戦するドキドキをお届けできるか、試行錯誤しながら日々成長させていただいております。配信ありがとう!の一言で達成感と元気をもらっています。

2022シーズンの振り返りはこちらからご覧いただけます。

クラフティPRESENTS オンライントーク

9月9日(金)にクラフティ様のお力添えをいただき、選手と自分だけが触れ合える限定オンライントークイベントを開催いたしました!

応募された方の中から抽選でお好きな選手(二人一組)とオンラインでトークできるイベントとして、サポーターの皆様に楽しんでいただきました。

普段なかなか選手に聞けないことや、プライベートの話、試合での話など選手もサポーターの皆様と楽しみました!

また、公式戦試合球にお名前とサインを入れてプレゼントしました!

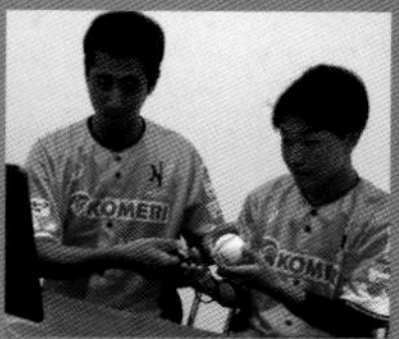

株式会社クラフティ様は新潟アルビレックスBCのユニフォームスポンサーです。

クラフティPRESENTS

アルビBCライブ

2022年シーズンは、新型コロナウイルスの影響が心配されましたが、4月9日に開幕し、10日にホーム開幕戦を迎えることになりました。今シーズンは7年ぶりのプレーオフ進出、シーズン終盤怒《ど》涛《とう》の連勝劇など昨年以上に見応えのあるゲームをクラフティ様に配信いただきました。

今シーズンもさまざまなご事情で試合観戦ができないサポーター、野球ファンの皆様に選手の全力プレーをお届けするために、株式会社クラフティ様の全面協力の元、インターネット中継を実施いたしました。

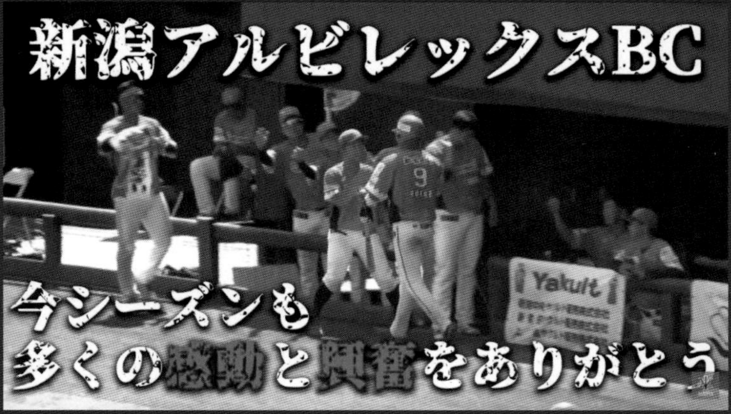
新潟アルビレックスBC
今シーズンも
多くの感動と興奮をありがとう

インターネット中継概要

4月10日(日)のホーム開幕戦から、新潟アルビレックスBCホームゲーム全33試合の中継を実施しました。

配信はYouTubeライブと応援.TVのプラットフォームで実施し、元NHKアナウンサーの齋藤洋一郎氏や球団MCとしてもご活躍の中村博和氏、新潟野球ドットコムの岡田浩人氏、元新潟アルビレックスBC投手の中西啓太による解説など、本格的なプロ野球中継を実現しました。

今シーズンは信濃戦での劇的逆転勝ち、埼玉武蔵戦のサヨナラ勝ち、福島戦での吉田投手の無死満塁無失点の切り抜け、終盤の連勝劇など皆様にお届けいただきました。

中継の様子

数多くのプロ野球中継を実況されてきた元NHKアナウンサー齋藤洋一郎氏に、多くの実況を今シーズンもご担当いただきました。齋藤氏は昨年と変わらず、両チームの首脳陣・選手にまず取材をし、データノートに記入していました。打率や防御率はもちろん、毎試合の結果や出身校などもびっしり手書きで記載されております。中継に対するプロフェッショナルを感じました。

ゲストの皆様との共演の際は、視聴者の皆様が聞きたい! 気になる!ことを中継内でインタビューもしていただきました。5月15日にご出演いただいた栗山監督からは大谷翔平選手のドラフト指名の裏側や、二刀流についてお話しいただきました。また、各球団の首脳陣との談話、選手起用なども多く交えていただきました。

中村氏はチャットでのコメントを中継内で紹介し、視聴者の皆様と中継内でコミュニケーションを取っていただきました。試合開始前にはピックアップレイヤーの紹介、ホーム最終戦での特別映像など今季もクラフティ様でしか実現できない中継を展開していただきました。

生中継放送中には、放送室と同様に中継室でも良いプレーやHRなどには歓声が上がり、チームと中継スタッフも一緒に今シーズンを戦いました!

また、昨年に引き続きインターネット中継に合わせて、今シーズンもスポーツギフティングを取り入

実況　齋藤洋一郎氏(元NHKアナウンサー)
中村博和氏(新潟アルビレックスBCスタジアムMC)
解説　岡田浩人氏(新潟野球ドットコム)
ギャオス内藤氏(ギャンバサダー)
村山哲二氏(ルートインBCリーグ代表)
中西啓太(元新潟アルビレックスBC投手)
2022年シーズンホームゲームゲスト
株式会社コメリ 代表取締役社長 捧雄一郎氏
元ヤクルトスワローズ 荒木大輔氏
侍JAPAN監督 栗山英樹氏
元阪神タイガース 八木裕氏
東京ヤクルトスワローズ公式マスコット つば九郎氏

BC戦士の軌《ki》跡《seki》

佐藤 拓実 TAKUMI SATO | 髙橋　駿 SHUN TAKAHASHI

高校生

甲子園に行くと言う強い気持ちで東京学館新潟高に入学し日々練習を頑張りましたが、最後の夏新型コロナウイルスの影響で甲子園への夢は途絶えてしまいましたが、3年時のシーズンを無失点で引退することができ、すごく成長できたかなと思えました。

#47 投手 髙橋　駿

幼少期

5歳の時に仲のいい従兄弟と近所の先輩が野球を一緒にやってくれてそこから野球が大好きになりました。

中学生

中学1年生からベンチに入り、多くの経験を積ませて頂きましたが、2年時に実力不足でベンチを外れ、3年時でも夏ではピッチャーとして公式戦の登板はなく悔しい思いをしました。しかし県選抜のセレクションをピッチャーで受けて合格することができAチームで全国大会に出場することができました。しかしそこでも自分の四球のせいでチームは負けてしまいすごく悔しい記憶が残ります。

小学生

小学2年生からチームに入り、本格的に野球を始めました。6年生からピッチャーを始め、指導者の方にも恵まれ楽しく真剣に野球ができました。

#3 外野手 佐藤 拓実

高校生

1年時に夏大会準優勝、2年時は北信越大会出場、悠久山で場外ホームランを打ちました。
3年時は夏大会ベスト8、石川県内でホームラン本数1位にもなりました。

令和 元 年度
石川県高等学校野球連盟
優秀選手
遊学館高等学校
佐藤 拓実

幼少期

自転車を補助無しですぐに乗れました。

小学生

小学2年生から野球を始めて、土日はほとんど野球の練習や試合をしていました。
とても元気がよかったと言われます。

中学生

中学2年生の時に全日本選手権出場、中学3年生の時に第10回ジャイアンツカップに出場し、大会第1号ホームラン、通算73号を打ちました。少しやんちゃ坊主でした。

2023年シーズンの新戦力を一足早くご紹介!

**9選手が新たな戦力として来シーズン加入します。
2015年以来のBCリーグ優勝と、
NPB入りを目指して精一杯頑張りますので、
熱い応援よろしくお願いします!**

※年齢は2022年12月7日現在

13
投手
八神 辰大
TATSUHIRO YAGAMI

2000年9月7日生まれ(22歳)
171cm・65kg
血液型不明
左投・左打
神奈川県出身
逗葉高→神奈川工科大

17
投手
鈴木 颯人
HAYATO SUZUKI

2001年3月14日生まれ(21歳)
176cm・81kg
A型
右投・右打
静岡県出身
掛川東高→創価大

14
投手
内田 健太
KENTA UCHIDA

2000年5月10日生まれ(22歳)
180cm・78kg
A型
左投・左打
愛媛県出身
宇和島東高→創価大

25
投手
西村 陸
RIKU NISHIMURA

2000年7月6日生まれ(22歳)
174cm・78kg
O型
右投・右打
東京都出身
中央学院高→大阪体育大

15
投手
木口 広大
KODAI KIGUCHI

2001年3月26日生まれ(21歳)
187cm・85kg
O型
右投・右打
東京都出身
小平高→筑波大

NEW FORCE INTRODUCTION

2023年シーズン

新戦力紹介

33

外野手

番場 勇翔

HAYATO BAMBA

1999年9月11日生まれ（23歳）
179cm・80kg
B型
右投・左打
三重県出身
東邦高→名古屋学院大→信濃グランセローズ

4

内野手

宮崎 天斗

TENTO MIYAZAKI

2001年1月26日生まれ（21歳）
167cm・64kg
A型
右投・右打
京都府出身
福井工業大附属福井高→日本福祉大

55

外野手

篠田 大聖

TAISEI SHINODA

2000年5月4日生まれ（22歳）
175cm・76kg
B型
右投・左打
鹿児島県出身
鹿屋中央高→創価大

7

内野手

高 義博

YOSHIHIRO TAKA

2004年5月31日生まれ（18歳）
172cm・73kg
O型
右投・右打
広島県出身
関西創価高

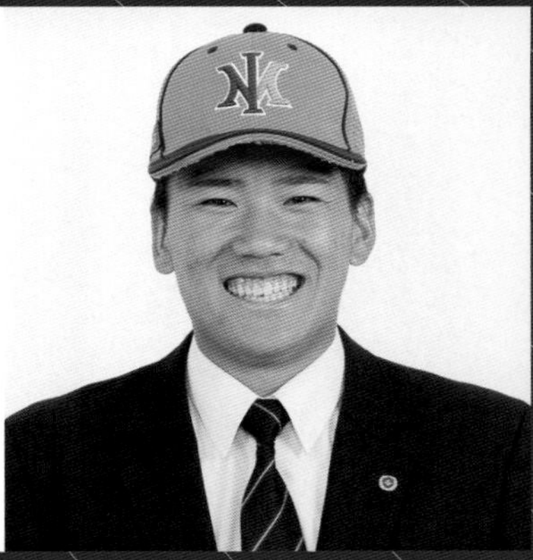

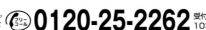

悲願のV奪還へ向けて、来季を見据える橋上監督

投打に期待の即戦力候補 9人の新人が加わり 目指すは8年ぶりのV奪還

8年ぶりの優勝を狙うため、期待の新戦力が加わる。新入団選手9人のうち8人（1人欠席）による発表記者会見が12月2日、新潟市のハードオフ・エコスタジアムで池田拓史球団社長、橋上秀樹監督、野間口貴彦チーム強化アドバイザー兼投手コーチが同席して開かれた。大卒7人、高卒1人、移籍1人の計9人のルーキーたちは力強く来季への意気込みを語った。会見の模様を誌上で再現する。

記者会見では冒頭、池田球団社長が「2015年以来、8年ぶりのリーグ優勝を目指して2023年シーズンを戦う」と来季の目標を明確にした。

橋上監督は「既存の選手、新人を含めて来季は自信を持って戦える。それだけの選手の質と層が備わった」と高い期待を寄せた。

スカウトを担当した野間口コーチは「監督の希望で二遊間を守ることのできる選手、長打を打てる野手の補強をポイントにスカウトした」と選手獲得の意図を説明し、「練習生も増え、チーム内の競争が個々の能力を上げる」とチーム活性化を目的に練習生を増やした方針を話した。

以下、新人選手9人が会見等で語った意気込み、アピールポイントなどを紹介する。

【投手】

●八神辰大（神奈川工科大）

球速以上にスピードを感じる直球で三振を取る。新潟は思っていたよりも都会だと感じた。いち早く名前と背番号を覚えてもらうよう頑張りたい。

●内田健太（創価大・練習生）

直球と変化球の両方でコースに投げ分けられ、芯を外してゴロを打たせて取る投球が持ち味。新潟は寒い印象があり、車の運転に気を付けたい。チームの優勝のためにたくさん投げたい。

●木口広大（筑波大・練習生）

スリークォーター気味のフォームから直球がシュートしながら伸びる軌道で、横の揺さぶりで打者を抑える。大学のチームメイトに新潟出身者が多く、ご飯が美味しいと聞いている。練習生からのスタートだがチームの戦力となり勝利に貢献したい。

●鈴木颯人（創価大）

力強い直球とタテの変化球で空振りを奪う。負けない投手に成長し、必ずリーグ優勝に貢献する。新潟はお米が美味しいという印象。サポーターに笑顔と勝利を届けたい。

●西村陸（大阪体育大・練習生）

投手と外野手の二刀流。野手では俊足を生かした走塁、投手ではサイドハンドから打者のタイミングを外す。雪が積もるところで過ごしたことがなく、どれくらい積もるのか楽しみ。練習生なのでいち早く活躍し、応援されるような選手になりたい。

【内野手】

●宮崎天斗（日本福祉大）

スピード感のある守備から打撃にリズムをつくるプレーを見せたい。高校時代を福井で過ごしたが、来てみたら新潟までは距離があると感じた。自分の強みを生かして開幕からチームに貢献したい。サポーターから応援される選手になりたい。

●高義博（関西創価高）

どんな捕手からも盗塁できる走力、脚を生かした守備範囲がセールスポイント。打撃ではパンチ力が持ち味。新潟は思っていたよりも都会だと感じた。唯一の高卒新人なので元気よく、泥臭く、一年でも早くNPBに上がれるよう頑張りたい。

【外野手】

●番場勇翔（BC信濃・練習生）

持ち味はミート力が売りである打撃。結果を出すことに意識して取り組む。新潟の印象はお米や海鮮が美味しいというイメージ。持ち味の打撃でチームの日本一に貢献していきたい。

●篠田大聖（創価大）

単打も長打も狙えるパンチ力のある打撃と50メートル5秒9の走力を生かした走塁がセールスポイント。チーム目標のリーグ優勝達成のための戦力になれる

前列左から高、宮崎、鈴木、八神
中列左から篠田、内田、木口、西村
後列左から橋上監督、池田社長、野間口コーチ

よう頑張る。鹿児島出身なので雪が楽しみ。新潟のお米を食べて感銘を受けた。一年でも早くNPBに入ることができるよう一日一日覚悟を持って過ごしたい。

会見の中で橋上監督は「新人選手は環境の慣れ、プレースタイルを見て把握した上で適材適所を探りたい」と話し、「既存選手はNPBから何人か調査書をもらいながら指名されなかった原因を改善して、指名に結び付けられることを頭に置き、ポジションや目指すべき方向性を確認したい。何人かはコンバートが考えられる」と来季を見据えた。練習生が増えたことについては「リーグ規定で練習生から契約選手に戻るための期間が短くなった。他球団と比べてもチーム内の競争が弱かったので、成長させて上のステージへ送るため、チーム内競争を激しくさせ成長につなげたい」と意図を説明した。

野間口コーチは「NPBには力があるだけではうまくいかないこともあり、巡り合わせや運、タイミングもある。いかに自分の持っている能力、長所を生かしていけるか」とポイントを指摘し、NPBファームとの交流戦などで「持っている能力を発揮できる環境をつくりたい。選手は伸び伸びプレーしてほしい」と期待を寄せた。

ケガなどのため練習生契約からスタートする選手もいるが、即戦力候補が集まった。チーム内の競争激化で〝橋上アルビ〟悲願のV奪還へ、開幕スタートを目指す。

（取材・文／岡田浩人）

選手の補強ポイント、獲得の意図を語る
野間口コーチ

新潟アルビレックス・ベースボール・クラブ

野球塾

野球を通じてこころと身体の成長を

夢への第一歩を

新潟アルビレックスBCから!

無料体験受付中

お問い合わせ
☎025-250-5539
(平日9:00～18:00)

新潟アルビレックス・ベースボール・クラブ野球塾は通年制の野球スクールです。子どもの発育発達に合わせ、野球の基本技術を無理なく、楽しく学べるよう独自のプログラムに基づき指導を進めていきます。

小学1年生から6年生までの子どもを3つのクラスに分け、楽しみながら野球の基本技術を学べるよう、段階的に指導していきます。野球の上達には「好き・楽しい」と感じながら練習していくことが大切です。

子どもたちの「できた!」という喜びを大切にし、野球の基本技術を楽しみながら段階的に習得していく『新潟アルビレックスBCプログラム』を皆さんも体験してみてください!

年間を通じた段階的・体系的な指導	ひとりひとりのレベルに合わせた指導	新潟アルビレックスBCのスタッフによる指導

asics
sound mind, sound body

アシックスジャパン㈱ご協力のもと、年2回(半年に1回)【投・打・走・力】約4種の測定を行っています。現時点での自分自身の力、成長を実際に可視化できるようにしています。

▶ **野球塾コーチ**

専属コーチ　**山口 祥吾**(立花学園高―千葉ロッテマリーンズ育成―新潟アルビレックスBC)
中西 啓太(星林高―帝塚山大―新潟アルビレックスBC)
斉藤 雄太(市立船橋高―国際武道大)

巡回コーチ　**新潟アルビレックスBC選手・コーチ**

▶ **開催曜日・会場**

三条校	月	三条パール金属スタジアム屋内練習場
新潟校	火・木	HARD OFF ECOスタジアム新潟 屋内練習場
長岡校	水	長岡リトルシニア屋内練習場

▶ **クラス別タイムスケジュール(新潟校の場合)**

プレクラス	小 1・2年生	17:10～18:10
レギュラークラス	小 3・4年生	18:00～19:20
ステップクラス	小 5・6年生	19:10～20:30

※上記内容は2022年12月現在の内容です。年度により変更になる場合がございます。

野球塾情報はこちらから》》

新潟アルビレックスBC野球塾　検索

「球団公式SNS」でも野球塾の様子を投稿しています!

Twitter　Facebook　Instagram　YouTube

新潟県交流促進ゆめづくり事業 野球大会

第9回 新潟アルビレックスBCカップ

主催：新潟県
協力：(株)新潟アルビレックス・ベースボール・クラブ

■実施日／［1・2回戦］2022年10月22日(土)
［準決勝・決勝］2022年11月3日(木・祝)

■会　場／［1・2回戦］県スポーツ公園 多目的運動広場
［準決勝・決勝］HARD OFF ECOスタジアム新潟

■内　容／少年野球大会の運営
新潟アルビレックスBCカップは新潟アルビレックス・ベースボール・クラブ各地区後援会もしくは各地区軟式野球連盟の推薦を受けたチームが出場できる大会です。
新潟県が主催し、新潟アルビレックスBCが運営協力をしています。
今大会で活躍した選手から未来のプロ野球選手が生まれることを期待しています。

【優勝チーム】新井ジュニア(上越地区)

【準優勝チーム】三条ノースリバー(県央地区)

準決勝・決勝の舞台は
新潟球児たちの憧れの地
「エコスタ」

エコスタで行われる
「準決勝・決勝」をかけた
大事な試合

第9回新潟アルビレックスBCカップ大会結果

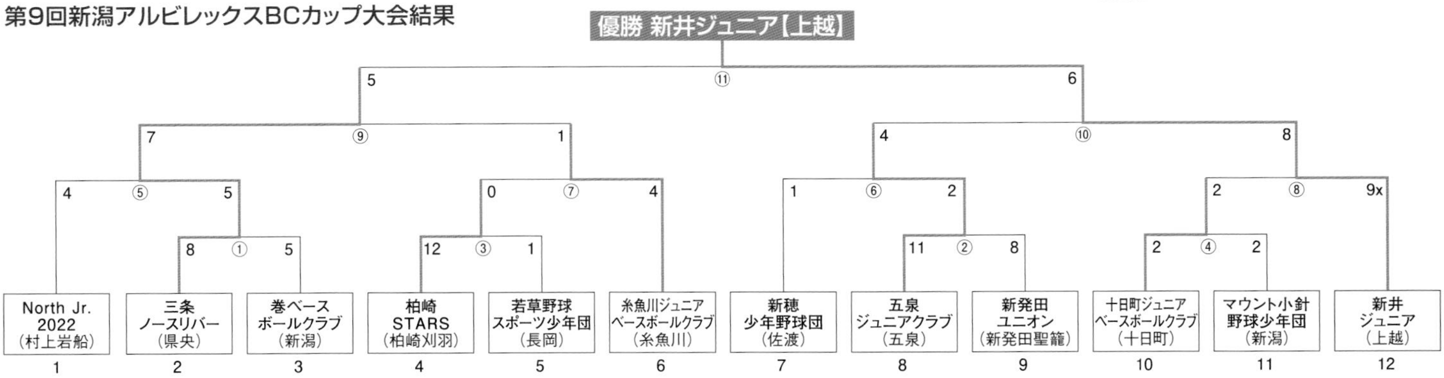

試合会場及び試合時間割り振り表

◆1回戦・2回戦◆
会場:多目的運動広場

試合会場		試合時間			
エリア	区域	9:00〜10:30	10:45〜12:15	12:30〜14:00	14:15〜15:45
北エリア	南側	①	③	⑤	⑦
	北側	②	④	⑥	⑧

◆準決勝・決勝◆
会場:HARD OFF ECOスタジアム新潟

試合時間		
9:00〜10:30	10:45〜12:15	13:00〜14:30
⑨	⑩	⑪

第1試合①

チーム名	1	2	3	4	5	6	計	抽選
巻ベースボールクラブ	0	1	4	0	0		5	
三条ノースリバー	2	0	4	2	×		8	

※5回時間切れ

第1試合②

チーム名	1	2	3	4	5	6	計	抽選
五泉ジュニアクラブ	4	0	1	6			11	
新発田ユニオン	1	4	0	3			8	

※4回時間切れ

第2試合③

チーム名	1	2	3	4	5	6	計	抽選
柏崎STARS	5	3	0	4	0		12	
若草野球スポーツ少年団	0	1	0	0	0		1	

※5回コールド

第2試合④

チーム名	1	2	3	4	5	6	計	抽選
十日町ジュニアベースボールクラブ	1	0	0	0	1	0	2	5
マウント小針野球少年団	0	2	0	0	0	0	2	4

※抽選勝ち

第3試合⑤

チーム名	1	2	3	4	5	6	計	抽選
North Jr・2022	0	0	2	2	0		4	
三条ノースリバー	2	0	0	3	×		5	

※5回時間切れ

第3試合⑥

チーム名	1	2	3	4	5	6	計	抽選
五泉ジュニアクラブ	0	1	1	0	0	0	2	
新穂少年野球団	0	0	1	0	0	0	1	

第4試合⑦

チーム名	1	2	3	4	5	6	計	抽選
柏崎STARS	0	0	0	0	0		0	
糸魚川ジュニアベースボールクラブ	2	0	0	2	×		4	

※5回時間切れ

第4試合⑧

チーム名	1	2	3	4	5	6	計	抽選
十日町ジュニアベースボールクラブ	0	0	0	0	2		2	
新井ジュニア	0	2	3	1	3×		9	

※5回コールド

準決勝 第1試合⑨

チーム名	1	2	3	4	5	6	計	抽選
糸魚川ジュニアベースボールクラブ	1	0	0	0	0	0	1	
三条ノースリバー	1	0	0	6	0	×	7	

準決勝 第2試合⑩

チーム名	1	2	3	4	5	6	計	抽選
新井ジュニア	4	0	1	2	1	0	8	
五泉ジュニアクラブ	2	0	1	0	1	0	4	

決勝⑪

チーム名	1	2	3	4	5	6	計	抽選
新井ジュニア	0	2	0	0	0	4	6	
三条ノースリバー	0	0	3	1	1	0	5	

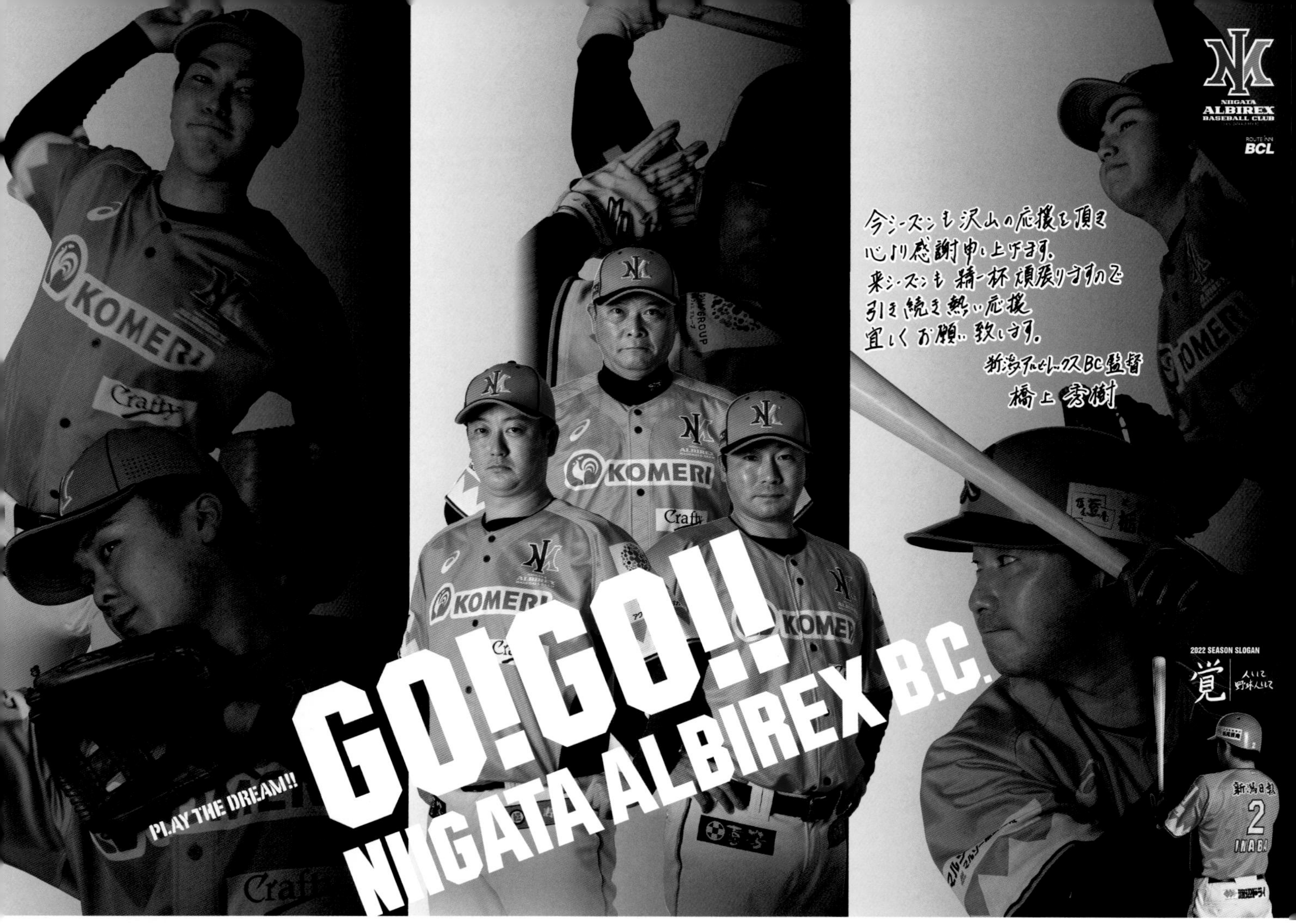

新潟アルビレックス・ベースボール・クラブ　2022年シーズン　オフィシャルスポンサー

KOMERI
新潟日報
Crafty
ALPHAS GROUP アルファス グループ

Axial RETAILING アクシアル リテイリング
マルソーグループ マルソー株式会社
Watanabe Group 渡辺ドライ
富寿し
喜芳

NAMICS ナミックス
Coca-Cola コカ・コーラボトラーズジャパン株式会社
クワトロレンタカー
FUJIFILM Value from Innovation
MORII GROUP

ALSOK 新潟綜合警備保障
High quality WATANABE
日本エコロジー株式会社
頑張れ、新潟アルビレックスBC！頑張れ、受験生！ MOSHI 新潟県統一模試
とちお油揚げ 栃尾豆庵

アーネスト
新発田ガスグループ
松沢商会
Sun 株式会社サンメディカル
dp 株式会社第一印刷所
宮下電設 MIYASITA ELECTRIC CONSTRUCTION
TM TM共同法律事務所

愛宕商事
CAPTAIN STAG FREEDOM VENTURE SPIRITS
コンディショニングサポートカンパニー 綿久
Yakult 新潟中央ヤクルト販売株式会社 新発田ヤクルト販売株式会社 上越ヤクルト販売株式会社
三條機械製作所
越後高田 平八蒲鉾
SEKI 関整骨院 SEKI Bone Set Labo

地域創造カンパニー グローカルマーケティング株式会社
株式会社シーキューブ C.CUBE https://www.ccube.co.jp/
NISSAN PRINCE Niigata 日産プリンス新潟
和田商会グループ
NISSEI SERVICE 日精サービス
ふるさとの味、越後の香り 田中屋本店

新潟アルビレックス・ベースボール・クラブは、持続可能な地域社会を創るために、
社会性と公益性を柱とする球団運営を通じて、SDGsを推進して参ります。

SUSTAINABLE DEVELOPMENT GOALS
3 すべての人に健康と福祉を
4 質の高い教育をみんなに
8 働きがいも経済成長も
11 住み続けられるまちづくりを
12 つくる責任つかう責任
17 パートナーシップで目標を達成しよう

お問い合わせ

株式会社新潟アルビレックス・ベースボール・クラブ
TEL：025-250-5539 【営業時間 / 平日 9:00 ～ 18:00】
〒950-0932 新潟県新潟市中央区長潟 570 番地 HARD OFF ECOスタジアム新潟内
球団公式 HP https://www.niigata-albirex-bc.jp/

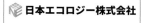

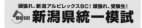

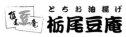

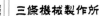

新潟県の野球を応援しています。
HARD·OFF ECO STADIUM

HARD·OFF ECOスタジアム新潟 サポート法人一覧

エコスタは多数のサポート法人のご支援の下で運営されています。

AKIRA For Your Wealthy Life.
県民共済
NAMICS ナミックス
第四北越銀行
高助
JAバンク新潟
CAPTAIN STAG FREEDOM VENTURE SPIRITS
Crafty ECHIGOYA STUDIO
新潟日報 電子版
BSNアイネット
新潟医療福祉大学
週刊ベースボール
HONMA 本間組
KAGATA
FUKUDA
SIANCE シアンス
SEKIYA 1925 DRIVING SCHOOL
TEIKYO 帝京長岡高等学校
ALSOK 新潟綜合警備保障
日本エコロジー株式会社
Coca-Cola コカ・コーラ ボトラーズジャパン株式会社
株式会社ウィザップ WITH UP CO., LTD.
丸一新潟青果
瀧ずし
大谷製作所
北陸ガス
アーネスト
野球がみんなをつなぐ 越配
大光銀行
ろうきん
松沢商会
新潟クボタ
SECOM セコム上信越
光・風・緑 四季の家 株式会社大進建設
Ytm ワイテム
株式会社 晴耕舎 挑戦は明日へつながる
コメリ
鳥屋野不動産

新規サポート法人を募集しています！

お問い合わせ

指定管理者：アルビレックス新潟・都市緑花センターグループ
TEL：025-287-8900
〒950-0932　新潟県新潟市中央区長潟 570 番地
スタジアム公式 HP　https://www.hardoff-eco-stadium.jp/

2023年シーズン ルートインBCリーグ加盟球団紹介

BCリーグ(Baseball Challenge League)は、2007年に創設された日本で2例目のプロ野球独立リーグです。

ROUTE INN
BCL
加盟球団

◆加盟球団の沿革

2007年	新潟・信濃・富山・石川の4球団で開幕
2008年	群馬・福井が新規参入し6球団に拡張
2015年	福島・埼玉が新規参入し8球団に拡張
2017年	栃木・滋賀が新規参入し10球団に拡張
2019年	茨城が新規参入し11球団に拡張
2020年	神奈川が新規参入し12球団に拡張
2022年	富山・石川・福井・滋賀による新リーグ創設に伴って8球団で再出発

BCリーグは、一般社団法人日本独立リーグ野球機構(The Japan Association of Independent Professional Baseball League、略称:IPBL Japan)に加盟しています。

IPBL Japan 一般社団法人 日本独立リーグ野球機構

SHIKOKU ISLAND LEAGUE plus ROUTE INN BCL KAL HOKKAIDO FRONTIER LEAGUE

<社員/会員>※2022年12月31日現在
(株)IBLJ(四国アイランドリーグplus)
(株)ジャパン・ベースボール・マーケティング(ルートインBCリーグ)
(一社)九州アジアプロ野球機構(ヤマエグループ 九州アジアリーグ)
(一社)北海道プロ野球独立リーグ(北海道フロンティアリーグ)

ROUTE INN BCL NPB選手輩出実績

■NPBドラフト会議指名選手一覧

入団年度	氏　名	出身球団	ポジション	入団先	
2007	内村　賢介	石川	内野手	楽天	育成1位
2008	野原　祐也	富山	外野手	阪神	育成1位
	鈴江　彬	信濃	投手	ロッテ	育成2位
	柳川　洋平	福井	投手	ソフトバンク	育成3位
2009	前田　祐二	福井	投手	オリックス	4位
	髙田　周平	信濃	投手	阪神	育成1位
	星野　真澄	信濃	投手	巨人	育成1位
2010	加藤　貴大	富山	投手	楽天	育成1位
2011	廣神　聖哉	群馬	捕手	阪神	育成1位
	清水　貴之	群馬	投手	ソフトバンク	育成4位
	雨宮　敬	新潟	投手	巨人	育成5位
	渡辺　貴洋	新潟	投手	巨人	育成6位
2012	森本　将太	福井	投手	オリックス	5位
	八木　健史	群馬	捕手	ソフトバンク	育成1位
	原　大輝	信濃	捕手	オリックス	育成1位
	西川　拓喜	福井	外野手	オリックス	育成2位
2013	柴田　健斗	信濃	投手	オリックス	7位
2014	中村　恵吾	富山	投手	ソフトバンク	育成8位
2015	小林　大誠	埼玉	捕手	巨人	育成2位
	三ツ間卓也	埼玉	投手	中日	育成3位
	田島　洸成	埼玉	内野手	巨人	育成4位
	大竹　秀義	埼玉	投手	巨人	育成5位
	矢島　陽平	埼玉	投手	巨人	育成7位
	長谷川　潤	石川	投手	巨人	育成8位
2016	大村　孟	石川	捕手	ヤクルト	育成1位
	安江　嘉純	石川	投手	ロッテ	育成1位
	笠井　崇正	信濃	投手	DeNA	育成1位
	髙井　俊	新潟	投手	巨人	育成1位
	坂本　一将	石川	内野手	オリックス	育成4位
2017	寺田　光輝	石川	投手	DeNA	6位
	寺岡　寛治	石川	投手	楽天	7位
	沼田　拓巳	石川	投手	ヤクルト	8位
	山本　祐大	滋賀	捕手	DeNA	9位
	和田康士朗	富山	外野手	ロッテ	育成1位
	渡邉　雄大	新潟	投手	ソフトバンク	育成6位
2018	湯浅　京己	富山	投手	阪神	6位
	知野　直人	新潟	内野手	DeNA	6位
	片山　雄哉	福井	捕手	阪神	育成1位
	海老原一佳	富山	外野手	日本ハム	育成1位
	内山　太嗣	栃木	捕手	ヤクルト	育成1位
	松本　友	福井	内野手	ヤクルト	育成2位
2019	松岡　洸希	埼玉	投手	西武	3位
	加藤　壮太	埼玉	外野手	巨人	育成2位
	樋口龍之介	新潟	内野手	日本ハム	育成2位
	長谷川凌汰	新潟	投手	日本ハム	育成3位
	松山　真之	富山	投手	オリックス	育成8位
2020	石田　駿	栃木	投手	楽天	育成1位
	小沼　健太	茨城	投手	ロッテ	育成2位
	赤羽　由紘	信濃	内野手	ヤクルト	育成2位
	松井　聖	信濃	捕手	ヤクルト	育成3位
	古長　拓	福島	内野手	オリックス	育成6位
2021	岩田　幸宏	信濃	外野手	ヤクルト	育成1位
	山中　尭之	茨城	外野手	オリックス	育成1位
	園部　佳太	福島	内野手	オリックス	育成2位
	速水　将大	富山	内野手	ロッテ	育成2位
	髙田　竜星	石川	投手	巨人	育成2位
	速水　隆成	群馬	捕手	日本ハム	育成2位
	大橋　武尊	茨城	外野手	DeNA	育成3位
2022	西濱　勇星	群馬	投手	オリックス	育成1位
	樋口　正修	埼玉	内野手	中日	育成3位
	渡辺　明貴	茨城	投手	DeNA	育成4位
	山本　晃大	信濃	投手	日本ハム	育成4位

■NPB移籍選手一覧

入団年度	氏　名	出身球団	ポジション	入団先
2010	カラバイヨ	群馬	外野手	オリックス
	ザラテ	群馬	投手	阪神育成
2011	正田　樹	新潟	投手	ヤクルト
2012	ハモンド	石川	投手	オリックス
2013	カーター	石川	外野手	西武
2014	小林　宏之	信濃	投手	西武
2015	カラバイヨ	群馬	外野手	オリックス
	デニング	新潟	外野手	ヤクルト
	ネルソン・ペレス	石川	外野手	阪神
	チャベス	群馬	外野手	オリックス
	ベク	埼玉	投手	ロッテ
	カルロス・ペレス	福島	投手	巨人育成
2016	シリアコ	石川	内野手	DeNA
	ジョージ	新潟	内野手	オリックス育成
	三家　和真	石川	外野手	ロッテ
2017	コラレス	富山	投手	楽天
	バリオス	富山	投手	DeNA
2018	ペゲロ	富山	外野手	ロッテ
	ヒース	富山	投手	西武
	岩本　輝	福井	投手	オリックス
	古村　徹	富山	投手	DeNA
2019	フローレス	富山	投手	ロッテ育成
2020	サントス	富山	外野手	ロッテ育成
2021	アルバレス	茨城	外野手	ソフトバンク
	ダニエル	栃木	投手	巨人育成
	バルガス	茨城	投手	オリックス

NPBで奮闘するOB選手

育成再出発からの開幕一軍、そして初勝利。30歳を過ぎて開花した苦労人、来季は「アレ」へ、一直線。

阪神タイガース

渡邉 雄大

YUTA WATANABE

NIIGATA ALBIREX BASEBALL CLUB → NPB

©ベースボール・マガジン社

新潟サポーター、BCリーグファンの心が震える投球、そしてみんなが待ちに待った勝利だった。

4月30日、東京ドームでの巨人戦。2対2の同点で迎えた6回裏に登板した渡邉は1イニングを2三振、無失点で抑えた。7回に味方打線が6点を入れて勝ち越した。30歳7か月11日で手にしたNPB初勝利……初のお立ち台で渡邉から出る言葉にはこれまでの長い道のりで経験した様々な思いが宿っていた。

「かなり遠回りをしての初勝利ということで、とてもうれしく思いますし誇りに思います。無理だと言われた時もあったのですが、それでも応援してくれる人もたくさんいました。そういう声があきらめずに野球をやる原動力になったと思います。(ウイニングボールは)家族に心配も迷惑もかけてきたので家族に送りたいと思います」

三条市の出身。中越高校入学後に本格的に投手を始めた。長身サウスポーとして頭角を現し、3年春には北信越大会で準優勝。しかし夏の決勝戦でのちに甲子園で準優勝する日本文理高校と対戦し、渡邉は初回に5連打を浴びて無念の降板。試合は4対12で敗れた。その後に進学した青山学院大学では公式戦登板はゼロだった。

それでも渡邉は夢であるNPB入りをあきらめなかった。

2014年に新潟アルビレックスBCに入団するとコツコツと努力を重ねた。打者が打ちにくい変則フォームを追求し、独特の軌道を描くスライダーに磨きをかけ、4年目の2017年には抑えとして46試合に登板し1勝2敗16セーブ、防御率1.29で最優秀防御率のタイトルを獲得した。その年の秋の育成ドラフトでソフトバンクから指名を受けた。

ソフトバンクでは入団3年目の2020年に支配下登録され、一軍デビューを飾った。しかし直後にひじを痛めて戦線を離脱。ひじは治ったものの30歳の誕生日を過ぎた2021年のシーズン終了後に戦力外を通告された。

捨てる神あれば拾う神あり……戦力外となった渡邉に真っ先に声を掛けたのが阪神だった。ウエスタン・リーグで対戦経験のあった阪神・矢野燿大監督が貴重な左の中継ぎ候補として白羽の矢を立てた。育成契約だったが、一軍キャンプ、そしてオープン戦で結果を残すと、渡邉は3月22日に支配下登録を勝ち取った。新しい背番号は「92」となった。

「この日を目標にキャンプでもやってきたので素直にうれしい」

3月26日のヤクルト戦で6回2死から今季初登板を果たすと、4月30日には東京ドームでの巨人戦で初勝利を挙げる。チームは開幕戦の逆転負けから10連敗を喫してどん底だったが、渡邉が「きょう30歳で初勝利したように、阪神がここから巻き返して優勝も決して無理ではないと思うので一戦一戦頑張っていきたい」と鼓舞すると、スタンドの阪神ファンから歓声が起こった。

BCリーグのミキトAEDプロジェクトソング『少年が見た未来へ』(落合みつを)で登場する左腕は中継ぎとして登板を重ね、ひとつひとつ結果を残していった。今季は一軍で32試合に登板し、18回1/3を投げ、3勝1敗、防御率2.45という成績を残した。矢野監督からは「なべじい」と親しみをこめた愛称で呼ばれ、中継ぎ陣の中で大きな存在感を発揮した。阪神はセ・リーグ3位に浮上し、クライマックスシリーズにも出場した。

ただ、渡邉は8月初旬に新型コロナウイルスに感染したため戦線を離脱。8月28日に地元・三条市で開催されたファーム交流戦の巨人戦で登板し、元気な姿を見せたが、シーズン終了まで一軍登板はなかった。

「これから、という時に新型コロナウイルスで離脱になってしまい……シーズン最後のいいところで一軍にいることができなかったので不完全燃焼という気持ちです。ただ、自分の課題も見つかってプラスに気持ちを切り替えました。一昨年に痛めたヒジについて今季は不安なく投げることができました」

戦力外からの移籍、再びの育成契約、そして開幕一軍と初勝利……激動の今季を渡邉は落ち着いて振り返った。その上で、来季への意気込みを語った。

「今季は左打者専門のワンポイントという登板が多かったのですが、来季は右打者との対戦も含めてしっかり1イニングいけます、という状態をつくらなければ……NPBに来て、新潟時代に比べてストレートの割合が極端に減ってスライダーに頼りがちなので、来季は自信を持ってストレートを投げたい。最低でも40～50試合は登板したいですし、防御率は1点台を目指します。今季はヤクルトの村上選手から3三振を奪ったのですが、5打席連続ホームランの最初の一本を打たれてしまったがために、その映像ばかりがテレビで流れて(苦笑)……来季しっかり抑えたいと思います」

阪神は岡田彰布氏が監督に復帰した。渡邉は新指揮官の口癖を引き合いに、来季への意気込みを語った。

「来季は新潟の皆さんに1試合でも多く見てもらえるよう、そして『アレ(＝優勝)』の瞬間もグラウンドにいられるように頑張りたいと思います」

(取材・文／岡田浩人)

開幕戦スタメン出場も「心が弱かった」。
来季こそシーズン通して、一軍で活躍を。

横浜
DeNA
ベイスターズ

知野 直人
NAOTO CHINO

大きな一歩だったが、同時にNPB一軍の厳しさを味わう日となってしまった。

新潟アルビレックスBCから18年ドラフト6位でDeNAに入団した三条市出身・知野直人(23)は、4年目となる2022年は一軍キャンプとオープン戦で結果を残した。そして3月25日の広島との開幕戦で「六番・一塁手」としてスタメン出場を果たした。

「自分がやってきたことをキャンプやオープン戦で出すことができ、開幕スタメンの座を勝ち取ることができました」

ところが、2回に自らの失策で先制点を与えた。その後、記録に残らない知野のミスもあり、チームは試合に敗れた。試合後はベンチで悔し涙を流した。

「かなり悔しい開幕戦でした。その後、立ち直るまで時間がかかり、気持ちを切り替えられない自分がいました。ああいう大舞台で自分のプレーを出せなかった自分の“弱さ”が出ました」

その後も一軍出場を果たすが、なかなか結果が出なかった。今季は16試合の一軍出場で13打数2安打という成績で終わった。

「ファームでは結果を残すことができるのですが、一軍の試合では開幕戦の結果を引きずり、ずるずると1年が終わってしまいました」

シーズン終了後に参加したみやざきフェニックス・リーグでも結果が出ない。「自分を見失っていました。どこに行ったらいいか見えなくなっていました」と話す。

心機一転、2023年シーズンの始まりを告げる1月に、知野はソフトバンクから巨人へと移籍が決まった松田宣浩内野手との福岡自主トレに参加することを決めた。「変化を求めた」と理由を話す知野。松田選手に「守備も打撃も、そして気持ちの持ち方も、細かい所をいろいろと聞いていきたい」と“熱男魂”の注入を目指している。

来季は中日から京田陽太内野手が入団する。遊撃のポジションを争う強力なライバルが増える。「僕の成績が不甲斐なかったために招いたこと。いずれにしても年々新しい選手が入ってライバルが増える世界。誰が入ったとかではなく、自分が一番のライバルなので、自分に勝てるように頑張りたい」と力を込める。

5月9日には地元のハードオフ・エコスタジアムで巨人戦が予定されている。「そのために一軍に上がりたいわけではないですが、そこで出たい気持ちは強い。僕が戦力として必要になったら必然的に地元に行けると思います」

新潟サポーターの大声援を受けて、知野が打席に立つ姿を、見たい。

(取材・文/岡田浩人)

NPBで奮闘するOB選手

NIIGATA ALBIREX BASEBALL CLUB ⇒ NPB

右ひじ痛からカムバックも今季限りで引退、球団職員へ。

北海道日本ハムファイターズ

長谷川 凌汰

RYOTA HASEGAWA

最後まで右ひじの痛みは消えなかった。それでも望みを捨てずに腕を振り続け、今秋のみやざきフェニックス・リーグでは146キロの直球を取り戻すまで回復した。しかし試合を終えたその日、球団から来季の契約を結ばないことを通告された。12月のトライアウトでは今季最速となる148キロをマークした。それでも獲得に名乗りを挙げる球団はなかった。

NPBに入り3年目。長谷川は現役を引退する決断をした。

「大学から新潟に行き、独立リーグで野球をあきらめずにやってきてNPBに入ることができました。自分が野球を続けることができたのはNPBが目標だったから。戦力外になり、もう一度そこに戻る道や光が自分の中で見えなかったことが引退を決めた理由です」

福井県の出身。大卒後の2018年に新潟入り。1年目は抑えとして、2年目は先発としてチームをけん引し、2019年秋の育成ドラフトで日本ハムから指名を受けて入団した。NPB1年目の2020年にはオープン戦で一軍に帯同し登板も果たした。2年目の昨季はオープン戦で好投を見せ、3月に支配下選手登録を勝ち取った。開幕2戦目の楽天戦で一軍初登板し、その後5試合を投げて2ホールドをマークした。しかし、8月に右ひじのじん帯を痛め、オフに再び育成契約となった。

「手術ではなく、保存療法を選択しましたが、思っていたよりも回復に時間がかかりました。自分の武器は球の強さだと思っていましたが、けがをする前と後で指先の感覚が変わってしまい……ボールが指にかかる、その感覚が戻りませんでした」

今季は8月に実戦復帰したが、ファームでわずか5試合の登板にとどまった。

「NPBでの3年間は思い描いていた道ではなかったですが、子どもの頃から夢見てきたステージに入ることができたことで周りの人も喜んでくださって自分もうれしかったです。ただ、自分の技術不足でけがをしてしまい、そこに適応できなかった悔しさはあります」

引退後は日本ハムの球団職員となり、主に打撃投手として若い選手たちをサポートする立場に回る。

「新潟時代を含めて5年間、サポーターの皆さんの声援が力になりました。ウイルス禍で球場に足を運んでいただくことが難しかった中、SNSなどで応援のメッセージを目にして、それが励みになりました。NPBに残って新しい仕事もできるので、またグラウンドでお会いできる機会もあると思います。千葉・鎌ヶ谷にいらっしゃった際はぜひお声掛けください」

喜びも悔しさも味わった男はしっかり前を向き、次のステージへと歩み始めた。

（取材・文／岡田浩人）

SDGs推進への取り組み

新潟アルビレックス・ベースボール・クラブは、持続可能な地域社会を創るために、
社会性と公益性を柱とする球団運営を通じて、SDGsを推進して参ります。

SUSTAINABLE DEVELOPMENT GOALS

3 すべての人に健康と福祉を
4 質の高い教育をみんなに
8 働きがいも経済成長も
11 住み続けられるまちづくりを
12 つくる責任つかう責任
17 パートナーシップで目標を達成しよう

ここでは、新潟アルビレックスBCが展開する各種活動の一部をご紹介させて頂きます。

経営理念

“ふるさとのプロ野球”による地方創生

野球が持つあらゆる可能性をひたむきに追求し、
魅力あるプロ野球チームの継続的な運営を通じて、
新潟県の地域活性化と新潟県への地域貢献を実現し、
地方創生に寄与する。

球団経営における9つの柱

野球は「社会の文化的公共財」

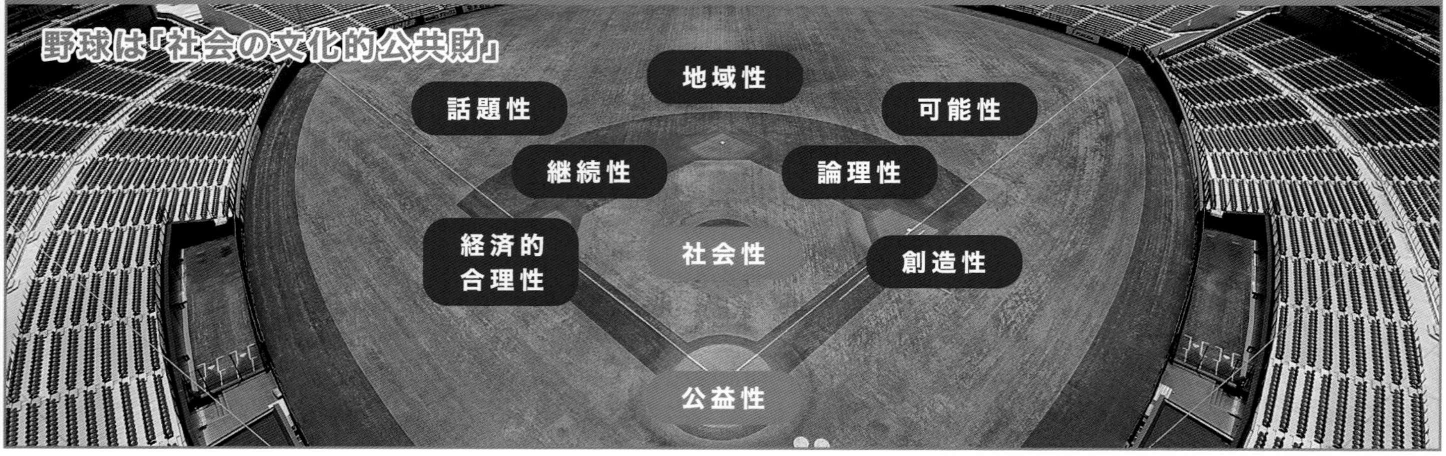

① 新潟県全域を「本拠地」として地域活性化

ホームゲームを新潟県内各地で開催
（2022年は10市町村11球場で開催）

HARD OFF ECOスタジアム新潟（2009年）

長岡市悠久山野球場（2012年）

南魚沼市大原運動公園野球場（2014年）

糸魚川市美山球場（2008年）

② 新潟で上を目指す選手の受け皿に

地元で挑戦できる環境整備
（2022年は13名の地元選手が在籍）

熊倉凌 糸魚川市出身
栗山謙 三条市出身
齋藤優乃 五泉市出身
佐藤滉輔 長岡市出身
阿部裕二朗 新潟市出身
田村颯瀬 新潟市出身
小林駿 聖籠町出身
大橋輝一 新潟市出身
佐藤拓実 新潟市出身
佐藤雄飛 長岡市出身
髙橋駿 聖籠町出身
荒木友斗 阿賀野市出身
上野飛鳥 上越市出身

③ 新潟で上を目指す選手の受け皿に

16年間で通算10名の選手をNPBに輩出
（2022年は4名のOB選手がNPBで奮闘）

④ ふるさとで子供たちに質の高い野球の指導を

年間を通じた野球塾の運営
（新潟校・長岡校・三条校）

新潟アルビレックス・ベースボール・クラブ
BASEBALL ACADEMY
野球塾
NIIGATA ALBIREX BASEBALL CLUB

⑤ ふるさとで子供たちに質の高い野球の指導を

年間を通じた野球教室の開催
（新潟県内各地）

⑥ 魅力あるプロ野球チームづくり

球団の歴史を紡いで下さった歴代監督

第1代監督
後藤孝志氏
(2007)

第2代監督
芦沢真矢氏
(2008~2010)

第3代監督
橋上秀樹氏
(2011)

第4代監督
高津臣吾氏
(2012)

第5代監督
ギャオス内藤氏
(2013~2014)

第6代監督
赤堀元之氏
(2015~2016)

第7代監督
加藤博人氏
(2017~2018)

第8代監督
清水章夫氏
(2019~2020)

第9代監督
橋上秀樹氏
(2021~)

⑦ 強いプロ野球チームづくり

過去16シーズンで地区優勝4回(2011・2012・2013・2015)・リーグ優勝2回(2012・2015)・独立リーグ日本一1回(2012)

独立リーグ日本一を達成
(2012年10月27日・悠久山)

独立リーグ日本一を祝してサポーターの皆様とともに記念撮影
(2012年10月27日・悠久山)

⑧ ふるさとの子供たちにキャップをプレゼント

2019年春から「ドリームキャッププロジェクト」を開始　【対象】新潟県内全30市町村の小学2年生全員(2022年は約17,000人)
コンセプトは「ひとつのキャップが育む夢」　皆様からのご支援とご協力の下で構想から3年を掛けて事業化

花角英世新潟県知事を表敬訪問
(2019年3月13日・公式発表)

地元出身者は母校等を訪問した上で手渡し
(2022年7月14日・糸魚川小学校)

地元出身者は母校等を訪問した上で手渡し
(2022年7月14日・川東小学校)

⑨ 郷土愛・地域愛の醸成(ヘルメット)

天地人・直江兼続公にちなんでヘルメットに「愛」

⑩ 郷土愛・地域愛の醸成(新潟県民歌)

試合前セレモニーでは「新潟県民歌」を斉唱

⑪ 各種訪問活動（保育園・幼稚園・小学校等）

年間を通じた各種訪問活動の展開
（新潟県内各地）

⑫ 新潟アルビレックスBCカップの開催

新潟県様と連携して学童野球大会を開催（通算9回）
（準決勝・決勝はエコスタで開催）

⑬ AED普及活動

「ミキトAEDプロジェクト」の展開によって
16年間で累計8台のAEDを寄贈

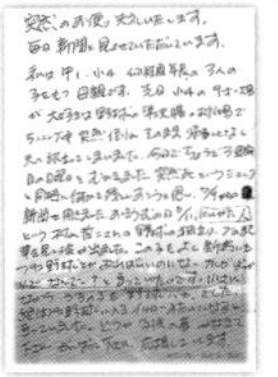
突然のお便り失礼いたします。
毎日新聞を見させていただいています。

ミキトAEDプロジェクトは、2006年8月、水島正江さんの手紙から始まりました

故 水島樹人くん

故 水島正江さん

故 水島奈摘さん

ミキトAEDプロジェクトは、BCリーグ設立の大きな契機となった水島樹人くんの名前を冠にしたAED普及活動です。2007年4月、リーグ開幕と同時に本プロジェクトは始動。リーグに関わるすべての人の原点がここにあります。AEDがあれば助かったかもしれない大切な命。私たちはこれからも本プロジェクトを推進していきます。水島正江さんの想いと共に…。

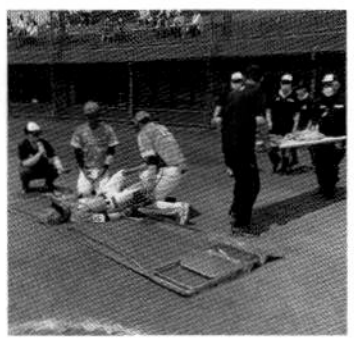

デモンストレーションの様子
（2022年7月18日・美山）

⑭ 法務局様との連携による人権啓発活動

一日人権擁護委員等の実施
（新潟県内各地）

⑮ 地域イベントへの参加

新潟アルビレックスBC感謝祭in越路等

⑯ 折れたバットをお箸に

福井県小浜市・兵左衛門様との事業提携
「かっとばし!!」

⑰ 野球の力で全国各地の復興支援に

2つの活動で12年間累計で6,657,017円を被災地へ
※新型コロナウイルス感染症の影響でジェット風船は現在休止中

「復興支援ゲーム」や各種募金活動等
による寄付活動を継続
12年間累計で5,388,967円

ジェット風船1パックにつき
50円を復興支援募金に
9年間累計で1,268,050円（=25,361個販売）

⑱ 野球の力で全国各地の復興支援に

被災地の子供たちとの交流活動の実施
「石巻・南三陸ベースボールキャラバン」（通算9回）

With You 2011.3.11
Japanese Red Cross Society
3.11 私たちは、忘れない。

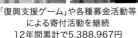

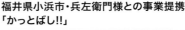

普及活動 Report レポート

新潟アルビレックスBCでは、新潟県の主催で「ゆめづくりスポーツ教室」を開催、通年制の野球スクール「新潟アルビレックスBC野球塾」を運営しています。

県内の小中学生を対象に新潟アルビレックスBCの選手、普及コーチが野球の基礎基本動作などを、デモンストレーションを交えながら「楽しく、わかりやすく」をモットーに、参加してくれた子ども達が、もっともっと野球を好きになって貰えるよう、指導に当たっております。

今後とも、新潟県の野球活性化に貢献できるよう活動して参ります。

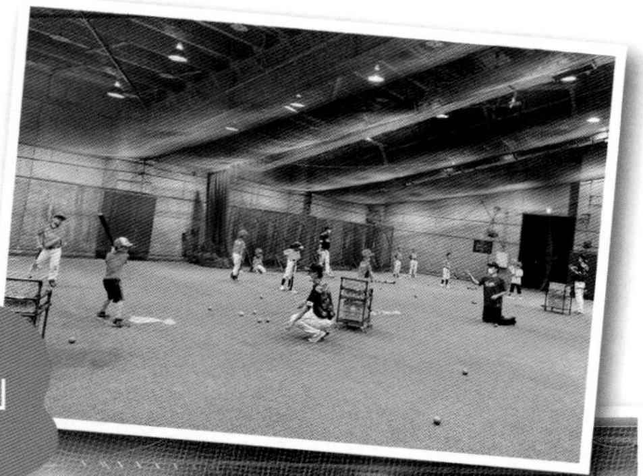

「野球塾」の様子

「ゆめづくりスポーツ教室」の様子

野球塾では、今年度もコーチのマスク着用、手指消毒、検温などの新型コロナウイルス感染拡大防止ガイドラインを設け、運営をしております。

また低学年の人数が増加し、この野球塾で初めて野球に触れ合う児童たちが増えております。

野球技術だけでなく、身体を動かすことの楽しさ、面白さをともに学び、人として大事な部分である挨拶、マナー、ルールといったことも身に付けてほしいと思っております。

新潟アルビレックス・ベースボール・クラブ
ドリームキャップ プロジェクト2022

対象

新潟県内全30市町村の
小学2年生全員・約17,000人

ーひとつのキャップが育む夢ー

新潟アルビレックス・ベースボール・クラブは、新潟県内全30市町村の小学2年生全員を対象として、ベースボールキャップをプレゼントする「ドリームキャッププロジェクト」を2019年に開始し、今年も継続させて頂きました。

< 小学2年生のみなさんへ >

新潟県内《にいがたけんない》の小学《しょうがく》2年生全員《ねんせいぜんいん》にベースボールキャップをプレゼントしました。
スポーツの力《ちから》で新潟県《にいがたけん》を元気《げんき》にしたい、という気持《きも》ちで実施《じつし》しています。
どんなスポーツでもいいので、スポーツの楽《たの》しさを知《し》るきっかけになればうれしいです。

< 保護者の皆様へ >

趣旨

「ひとつのキャップが育む夢」をコンセプトとして、新潟県の未来を担う子供たちの健全な成長に少しでも寄与したい、という気持ちで今年も継続させて頂きました。本プロジェクトの趣旨に賛同して頂いたスポンサー様4社からのご支援と新潟県様及び全30市町村様のご協力の下で今年も実現に至りました。

対象

新潟県内全30市町村の小学2年生全員となる約17,000人を対象として、6月上旬以降、各市町村様と連携した上で順次配布させて頂きました。

今後の構想

継続事業として、2023年以降も新潟県内全30市町村の小学2年生全員を対象として、毎年4月下旬頃に本プロジェクトを実施させて頂く構想です。

主　催
株式会社新潟アルビレックス・ベースボール・クラブ

共　催
新潟アルビレックス・ベースボール・クラブ後援会

特別協賛
株式会社コメリ　ナミックス株式会社　アルファスグループ　株式会社クラフティ

KOMERI　NAMICS ナミックス　ALPHAS GROUP　Crafty

大越健介《ジャーナリスト》氏&生島淳《スポーツジャーナリスト》氏 特別対談

野球の未来と独立リーグへの期待

〝アルビレックス〟の可能性 選手の経験を地域の力に

新潟県出身でテレビ朝日系列『報道ステーション』のキャスターを務めるジャーナリストの大越健介氏と、ヤクルト高津臣吾監督の著書などで取材・構成を担当したスポーツジャーナリストの生島淳氏が特別対談を行った。野球愛にあふれた2人が、野球界の抱える課題と未来、独立リーグへの期待、〝アルビレックス〟の可能性について熱く語り合った。（取材・文／岡田浩人）

大越健介（おおこし・けんすけ）／1961年8月25日生まれ。新潟県長岡市（旧寺泊町）出身。新潟高で投手として3年春に県大会準優勝。東大では投手として東京六大学野球で通算8勝。3年時には東大の選手として初めて大学日本代表に選ばれ、日米大学野球選手権大会に出場。85年にNHKに入局し、政治部記者、ワシントン支局長などを歴任。『ニュースウオッチ9』、『サンデースポーツ2020』などのキャスターを務めた後、21年6月に退職。21年10月からテレビ朝日系列『報道ステーション』のメインキャスターを務める。

生島淳（いくしま・じゅん）／1967年8月7日生まれ。宮城県気仙沼市出身。気仙沼高、早大を経て、大手広告代理店に在職中の93年に雑誌『Number』でスポーツライターデビュー。99年に独立。野球をはじめ、ラグビーやバスケットボール、水泳、卓球、駅伝など国内外のスポーツを幅広く取材。『慶應ラグビー「百年の歓喜」』、『監督と大学駅伝』など著書多数。ヤクルト・高津臣吾監督の著書『二軍監督の仕事 育てるためなら負けていい』、『一軍監督の仕事　育った彼らを勝たせたい』（ともに光文社新書）では構成を担当した。

大きくなる独立リーグの役割 21世紀は「育成の時代」

Q　まず、お2人のご関係は

大越氏（以下大越）　以前、NHKで番組のキャスターをしていた時にご出演をお願いしました。「困った時の生島さん」という感じで（笑）。

生島氏（以下生島）　最初はプロ野球の使用球の問題でしたね。球団によって使用球が違うのは公平性の担保をしていないのでは、という内容でした。あれが最初かな。僕は東京六大学野球が大好きで、雑誌で選手の出身校を確認するくらいです。

大越　前に東京六大学のOBの間で「六大学をどうやって活性化したらいいのか」という話が出た時に、僕は「出身校をアピールすることが大事だ」と提案しました。野球の名門校から来ている選手がいる一方で、地方の公立高校から頑張っている選手もいて、そういうストーリーを紹介する、日本全国地元愛みたいなことができたらといいのではと話したことがあります。日本は独特で、NPBのプロ野球と甲子園の高校野球に焦点が行く、という構造は何十年も変わらないのですが、実は野球のフィールドはそれだけではなく、もっといろいろな世界があるというのはたくさんのファンに知ってほしいですね。

Q　独立リーグの試合をご覧になったことは

生島　私はあります。NPBに選手を輩出しているのも分かりますし、未来の日本の野球を考える上で大事な役割を果たしていると思います。これまでの社会人野球の歴史を見ていくと、日本経済の基幹産業のチームが下支えをしてきた面があると思います。僕が企業に勤めていた時に社会人野球チームが廃部になるなど段々減っていく状況の中、「大学を出て社会人野球をやる場が細っていくとどうなるのだろう」と思っていたところに独立リーグができて、その役割が徐々に大きくなっていると思っています。レベル、試合という商品に関してはまだ改善の余地があるとは思いますが、僕は21世紀の野球は「育成の時代」だと思っているので、そういう意味での意義はすごく大きいと思っています。

大越　いま興味深いなと思ったのは、生島さんが社会人野球の例を出されましたが、僕も大学で野球をやって、ある程度の成績を残したら社会人野球のチームからお声がかかったことがありました。当時は製造業のチームが多くて、僕はたまたま人生の選択として社会人野球には行きませんでしたが、その後も愛着を持ちながら社会人野球の世界を見ていくと、重厚長大の産業が衰退していくとともに、社会人チームを維持していくことができなくなってチーム数が減っていった。そこでアマチュアとプロの間に存在する〝ノンプロ〟の存在が少なくなっていく中、「独立リーグ」が生まれてきた。そういう時代の流れがありますね。ただ、企業というものが全面的にバックアップして都市対抗に行けばドームが満員になるような熱気がいまの独立リーグにあるかというと残念ながらそこまでいっていない。スタンドを満員にするまでの力を持ち得ていないというのはどうしてなのだろうと考えながら今日は来ました。

〝ストーリー性〟を持ち得るか NPBファーム拡大構想への期待

生島　独立リーグの課題としては試合そのものの品質に加え、ファンの支持をどういうふうに得ていくか……たとえばバスケットボールのBリーグではいろいろな地方で熱狂的なファンが次々と育っている。このあたりは独立リーグとして考えていかなければならないところかなと思っています。

大越　たまたま、今日対談している日（11月24日）が、サッカーの日本代表がドイツに勝利した日の翌日で……川淵三郎さんがJリーグを立ち上げて30年近くが経つわけです。バスケットボールのBリーグも産みの苦しみはありましたが、オラがチームという地域のチームが日本の頂点に立つかもしれないんだという構造になっています。ところが独立リーグはNPBという存在があって、どうしてもその壁に肩を並べるところにはいかない構造になっている。Jリーグ、Bリーグのように自分たちのチームが一番上のレベルまで行き、世界に羽ばたくという可能性が見えない。そこが独立リーグのブレークスルーできないところじゃないかと思うのですが。

生島　それは「ストーリー性」にあるのではないでしょうか。Jリーグ、Bリーグで地域にクラブができる時に、日本一になる可能性があるという「ストーリー」をファンと共有できる。私はラグビーが好きで、昨日大学ラグビーの早慶戦に行ったのですが、ちょうど「早慶戦100年」という試合だったんです。W杯を経てラグビー界は日本代表が世界とつながっているという中では大学ラグビーはかつてとは違った文脈で語られるのですが、それでも100年積み重ねたことは大きい。両監督ともに「伝統の重み」を感じている。そこに「ストーリー性」があるから1万人以上のお客さんが入る。独立リーグはどうやって「ストーリー性」を作っていくかが難しいのだと思うんです。

Q　NPBではファームのチームを増やそうという動きがあります（その後、24年度からファームを14球団に拡大する方針がオーナー会議で承認された）。

生島　育成を重視しなければいけないというのは皆分かっていると思いますが、それを独立リーグの球団とどうアライアンス（提携）を結ぶかというところが検討課題だと思います。たとえばアメリカであれば3A以下は経営別で人材的な提携を結ぶという形です。経営にはタッチしないけれども、人材供給の〝源泉〟という形でつながりを結ぶ、というようないろいろな展開が今後あると思います。

選手、指導者の〝還元〟で地域に根を張る球団に

生島　10年前を考えてみてください。サッカーW杯でドイツに勝ったとか、ラグビーW杯で南アフリカに勝ったとか、10年前のファンは信じられないですよね。10年スパンでいろいろなものは変わっている。日本ハムは北海道に行って大成功でした。いま「プロ野球が地上波のテレビで放送されない」と言われていますが、実はその感覚は東京や首都圏の人だけです。北海道へ行くと地上波で中継しています。ラジオ中継をやると営業枠は完売だそうです。大阪では阪神戦を、福岡ではホークスの試合を毎日観ることができます。だから地方で野球は重要なイケてるコンテンツなんです。そういう意味では将来的にいろいろなところにプロ野球の拠点があるというのが、野球だけでなく日本の産業的にも大切なことだなと思います。

大越　新潟アルビレックスBCの新潟日報の記事を僕のところに切り抜いて送ってきてくれるファンがいまして……実は私の中学校時代の先生なんですが（笑）。記事を読むと何とも言えないほのぼのとした気持ちになるし、僕は新潟から遠く離れていますが新潟の野球がここにあるんだなと感じることができます。

生島　どんな形で記事が書かれているんですか？ 選手中心ですか？

大越　選手中心です。我々が一般紙で見るプロ野球の伝え方と同じです。これはすごく大きいなと思いますね。もうひとつ思うのが「地域密着とは何ぞや」と本気で問われていると思うんです。新潟アルビレックスBCの選手たちが地域で野球教室をしたり奉仕活動をしたり……ということもいいと思いますが、僕はそこまで高いレベルで野球をやっている人たちならば野球教室のお手伝いだけのレベルではなく、選手はその地域で指導者になる、というような……いま中学の部活動をどうするか、アマチュア野球の指導をどうするかという新しい動きがある中で、そこに指導者として入っていく、というのも地域への根の張り方なのかなと思います。

生島　独立リーグの指導者や選手は新しい知見を採り入れて技術の向上に取り組んでいるので、それをアマチュアと循環させていく、というのは地域密着の根本であるべきだなと思います。

大越　ヤクルトの高津臣吾監督が昨季は日本一の監督になり、今季は2年連続でリーグ優勝をされた……その高津さんは新潟アルビレックスBCで監督をやられていたという意味では、独立リーグの指導者とNPBのトップレベルの指導者の、レベルは変わらないということになりますよね。そういう指導者から指導を受けている選手は最新の理論に触れる機会は圧倒的に多い。

生島　高津監督は「独立リーグにはちょっと変えれば化ける選手がいる」と話しています。たとえばフォーシームからツーシームに握りをずらしただけでその投手の人生が変わる。原石はたくさんいる。高津さんは新潟からヤクルトの二軍監督になって独立リーグのチームと試合をした時に、「一人か二人はドラフトで指名したい選手はいるよね」と話していました。それはひとつのことにものすごく秀でている選手……ノーコンだけど150キロ出る、球は遅いけどピンポイントで制球できる……そういう「秀でたものがある選手にはチャンスがある」と。昔よりもNPBと独立リーグの交流の幅が広がっているのでチャンスはあるし、それが地域に還元されていくことは大切だと思います。

アルビレックスを〝プラットフォーム〟に新潟独自の野球文化を

大越　僕は郷里が新潟でありながら「アルビレックス」という集合体をあまり理解しないまま今日に至るのですが、アルビレックスのようにひとつの名前のもとでいろいろな競技を行っているというのはある種の強みだなと思いますが、全国的にほかに例はあるんでしょうか？

生島　これはアルビレックスの大きな財産ですよね。たとえば陸上（新潟アルビレックスランニングクラブ）には広田有紀さん（800メートル）という選手がいて、新潟高校出身で秋田大学を出て、医師であり、競技を続けている。彼女のような選手がキャリアを続けることができるということは、彼女にとっても、新潟にとっても、アルビレックスにとっても大きなこと。いろいろなスポーツが新潟に開かれていることは街の財産だと思いますね。

大越　「地方の時代」と言われる中で、着実にまちづくりをやってきた新潟の人たちが「アルビレックス」というものを通じてひとつになって、生活を楽しめるということが大きな財産になっている。僕もうれしいです。

生島　最近、お笑いの霜降り明星の粗品さんに取材したのですが、M―1グランプリで優勝した時、「豪華客船」という「ネタの入れ替えがいくらでも可能な〝プラットフォーム〟を作ったことが大きかった」と。スポーツでも「プラットフォーム」って大事だと思います。新潟のアルビレックスはプラットフォームで、行政がスタジアムや体育館というプラットフォームを用意しておけば、サッカー、バスケットボール、野球に一流選手が来る可能性がある。プラットフォームがあれば将来的にその街が力を持つ可能性があり、暮らしやすい、ということにつながっていく。僕はスポーツと介護、育児な

どは親和性が高いのではないかと思っているので、人口が増加に転じる可能性を含んでいるのではないかと期待しています。

大越　なるほど。僕はいま「報道ステーション」という番組で声がかかって、第二のキャスター人生を送っていますが、NHK時代にそろそろ退職の年齢だなという時に最後に何をやりたいかと思った時に、「スポーツキャスター」をやりたいと思いました。なぜかというとアスリートという人間に興味があったんです。たとえば元横綱の稀勢の里さん（現・二所ノ関親方）で、彼は土俵上でいろいろな表情があり、悩みがあり、マイクを向けてもなかなか喋らない。ところが土俵を降りて現役を引退した時に、「表現者」としての力がものすごい。親方として解説してもらうと言葉が走る。そういう人はアスリートにたくさんいて、自分の肉体と頭脳で会話をしてきた人の「言葉の力」にすごく魅かれました。ぜひ新潟の土壌の中で自分と戦い続けたアスリートたちのセカンドライフは彼らの自己表現の場としてほしい。たとえばさっき生島さんがおっしゃった医療、介護、育児といった今日的な課題にも彼らは通用すると思うし、スポーツを通じた指導者、学校教育一般にも通用すると思います。ぜひ、新潟は新潟のやり方で「自分たちは野球を中心にこういう文化を見せるよ」というコンセプトを皆さんで作っていただきたい。いま生島さんとの話で出てきた野球が持っている「裾野」、野球を中心にして皆がそこに心地よい空間や幸せや価値を見出せる何かが花開くような、多様な〝野球ワールド〟が広がっていけばいいなと思っています。

（対談日・11月24日／東京）

この特別対談は、球団公式YouTubeチャンネルで期間限定で視聴出来ます。
【視聴期間：2023年1月10日（火）～4月7日（金）】※予定
お楽しみに！

今シーズンのご支援ありがとうございました!

新潟アルビレックス・ベースボール・クラブ後援会 会員名簿【2022年12月現在】

※お名前の掲載を希望された会員様のみ掲載しております。掲載を希望されない方は、事務局までご連絡ください。
（個人ライト会員・個人ジュニア会員の掲載はございません）

（順序不同・敬称略）

■法人会員

【見附地区】	(株)里味・(有)久住商会
【糸魚川地区】	(有)熊倉・(株)木島組
【上越地区】	(株)宮崎商店・飛田テック(株)・(株)柿崎機械・(有)佐藤工業所・ウエノテックス(株)
【長岡地区】	アクシアル リテイリング(株)・グリーンヒル長岡ゴルフ倶楽部・(株)宮下電設・(株)中越興業・中越環境開発(株)・(有)長岡ドーム・長岡技術科学大学教育振興会・(株)早川組・コマツカスタマーサポート(株)・(株)長岡中央魚市場・(株)三青・長岡カントリー倶楽部・戸内整形外科クリニック・永常石油(株)・長岡市職員互助会・(有)三成興業・公益財団法人 長岡市スポーツ協会・(株)ユーエス・ネイルスタジオA・(医)沢矯正歯科医院・(有)石武・(株)新潟県厚生事業協同公社・(株)日越土地利用管理センター・越後交通(株)(株)サカタ製作所
【新潟地区】	(株)田中屋本店・(株)新潟ケンベイ・(株)ナビック・丸周運送(株)・(有)インテグレート・グラフィックス・(株)テレビ新潟放送網・弁護士法人 新潟シティ法律事務所・(株)綜合防災・丸榮製粉(株)・福田石材(株)・(株)北日本ビルサービス・北陸ガス(株)・(株)栗田工務店・比留川勇広告写真事務所・新潟信用金庫・(株)第四北越銀行・新潟県酒類販売(株)・松山重車輌工業(株)・新潟中央青果(株)・(株)新潟日報社・(株)はあとふるあたご・愛宕商事(株)・(宗)神明宮・(学)新潟総合学院・(学)国際総合学園・新潟医療福祉大学・(株)新宣・(株)新潟グランドホテル・(株)太嘉商事・創価学会 新潟池田文化会館・(株)シアンス・(株)創エスピー・(株)Matchbox Technologies・協同組合 新潟卸センター・新潟日報会・(医)愛広会・(株)エデュースホールディングス・(株)トーテック・藤田金属(株)・(株)アンドクリエイト・(株)クレイズプラン・(株)新潟市環境事業公社・(株)鈴木コーヒー・(株)三愛ビル管理・(株)アイ・シー・オー・(株)ワークアクト北日本・(一社)新潟県野球連盟・(株)事業創造サポート・居酒屋 笑太・デュプロ販売(株)・(株)民電社・立正佼成会新潟教会・(株)大久保自動車硝子・(株)エヌエスアイ・新潟第一観光バス(株)・(株)村尾技建・フェルミエ・SMBC日興証券(株)新潟支店・(株)坂井自動車・風間・三科法律事務所・(株)新潟フレキソ・一般社団法人新潟ふるさと組合・志田社会保険労務士事務所・(株)シーキューブ・企業組合 住まいの情報館・三和薬品(株)・新潟自動車産業(株)・新潟ベンチャーキャピタル(株)
【村上岩船地区】	(株)松沢商会
【佐渡地区】	(有)浩資商会・(株)共立テクノ
【県央地区】	(株)カンダ・三条市職員互助会・(有)綿久・セントラル観光(株)
【五泉地区】	(株)目黒建設・(株)越配
【新発田聖籠地区】	(株)石井組・(株)関川水道・(株)タートル・新菖工業(株)
【魚沼地区】	(有)小出自動車工業
【柏崎刈羽地区】	柏崎市職員互助会・ひまわり歯科医院・(株)アイテック・永井コンクリート工業(株)
【十日町市】	大村建設(株)
【阿賀野市】	(株)ペタバイト
【県外】	(株)デルタマーケティング・(宗)花光院・寶泉寺・(株)ビッグウェイブ

■チーム会員

【長岡地区】	NAGAOKA 米百俵・和島地区野球協会
【新発田聖籠地区】	聖籠町商工会青年部野球部
【魚沼地区】	チーム・ヤナガセ
【南魚沼市】	六日町高校野球部育成会

■個人ダイヤモンド会員

【長岡地区】	太田和男・今井誠・長谷川晃
【新潟地区】	塚田一郎・弦巻英雄・田邉善和
【県央地区】	若林公二
【新発田聖籠地区】	小野郁子

■個人プレミアム会員

【長岡地区】	五十嵐達男・金澤秀一・森山昭則
【新潟地区】	上村正浩・若松大輔・榎本政弘・桜井誠・中山浩・大橋和幸
【県央地区】	清野喜代志
【五泉地区】	伊藤正樹・齋藤政利
【新発田聖籠地区】	本間健
【県外】	高橋知見・熊谷昌子

■個人レギュラー会員

【見附地区】	野川守男・金井薫平・下村靖・山田文知・牛腸茂・武石光弘・髙野正行・小林和明（順序不同・敬称略）・酒井宣明・斉藤修三・菅沼健一・高柳務
【糸魚川地区】	竹田浩・大嶋洋介・保坂妙子
【上越地区】	水澤一憲・関久・小日向俊郎・土肥哲雄・上野仁・宮崎義則・野澤悦子・須田哲夫・吉村峰夫・三原田誠
【長岡地区】	松田亨・高野哲也・石黒保・鈴木隆道・伊丹義夫・竹井進一・大久保清治・江口道雄・渡邉義行・佐藤智宏・中山繁・小見司・田辺芳浩・田辺朋美・津野正敏・岩渕義征・戸川則夫・大橋清一・南誠・渡邊博・安達恵一郎・石黒重幸・吉田ひとみ・関万里子・山内厚・廣川祐一・荒嶋明・堀越新一・白井昭子・柳澤恒夫・斎藤智惠子・中川敦宏・片桐秀央・永見街子・三浦滋・早川尚美・齋藤亮・小野塚克司・渡辺正博・小川大二郎・柴嶺正美・加藤博道・椙沢弘二・山田直樹・田井友彦・栁下浩三・近藤久嗣・佐藤美和子・小林和矢・杉江克一・小島俊介・早川肇夫・岩下和広・前坂浩一・山岸綾子・山後祐一・猪俣宜彦・瀧口陽子
【新潟地区】	鈴木正喜・藤橋公一・坂田隆・土屋直樹・中村雅信・飯嶋篤史・清水正範・渡邉裕康・金子健三・金子裕子・羽下典男・白勢仁士・佐藤富美則・本名浩史・水嶋雄司・山内春夫・佐藤淳・渡辺正美・村越晴夫・谷内田和人・田部真貴子・山岸直志・池田弘・大竹雅広・海津彰・大野彦栄・岡田浩利・槇口一則・上杉知之・箕輪栄吉・富山歩・三浦賢一・小林正仁・大塚忠雄・藤橋久子・梶山美佐男・丸山仁・木村彰・佐藤厚・大津正嗣・渡辺敏彦・相馬透・山崎真・横瀬秀哉・細川行雄・長井一彦・中野久・内藤愛子・池田祥護・石倉康宏・速水康晴・大野一郎・石田愛子・平野志真子・南雲ひろみ・川岸保成・野口和人・小林秀夫・廣川友一・石附正広・館秀雄・広川忠義・瓜生雅樹・星野文武・星野彩子・目黒日出子・真保学・広川アイ子・目黒正平・小暮健太郎・仲山かおり・山田一雄・内藤洋子・内藤太津雄・小林朋子・佐藤由美・山之内哲子・渡邉孝弘・松田玲一・斉藤綾子・三浦正統・仲野博文・野口正人・仲井光代・三冨幸恵・坂井信秀・池田拓史・地濃豊・辻和宏・須戸悦夫・井上和紀・近藤壮一・佐藤俊一・阿部晋也・海老江理貴・風間久・早川裕太・三富榮二・吉田浩二・星野敦・田沢利晴・竹内葵
【村上岩船地区】	前川隆志・川村敏晴・片野義房・近良平・石栗孝男・飯島久・國井一二・坂上正信・小野哲之
【佐渡地区】	北見治
【県央地区】	渋木尚夫・小林祐二・早川博・外山信良・中村正男・福井昭治・今井行雄・本間豊・池田浩二・坂井正志・岡村幸子・小林勝広・野澤英明・岩月芳明・渡辺祟・栗林冨久一・山口誠・石村豊彦・大竹等・石村道子・中条博・堀内厚・横山容司郎・有本剛・蒲原美津子
【五泉地区】	西山清志・石田公生・辰喜太輔・大槻彰吉・日高太郎・齋藤吉典
【新発田聖籠地区】	伊藤良裕・椿朋子・渡邉滋・阿部嘉一・石井修・齋藤順子・小野花南・安達弘毅・小林信裕・小林初美
【魚沼地区】	井木尚人・青山春彦・佐藤公彦・佐藤咲恵
【柏崎刈羽地区】	新野京一・前澤晃・大塚克男・井比孝広・加賀谷浩文・廣嶋一俊・藍沢一男・品田宏夫・中村祥一郎・吉田孝継・飯田彰二・曽根直樹・関井忠和・日影慎一・山田善孝・春日孝郎・中村庄汰・太田正純・小林英樹・品田昌宏
【小千谷市】	髙橋普美子
【十日町市】	池田和彦
【阿賀野市】	鈴木康寛・関川隆弘・吉岡健一・齋藤慶一・佐藤学
【南魚沼市】	池田靜夫・池田令子・廣田新一・髙野一彦・北村秀雄
【胎内市】	坂上宏樹・片野周一・布川和成
【三島郡】	佐藤三夫
【県外】	本保日出生・富田郁子・風間亮太・磯田久夫・田中卓・平尾勝重・佐藤正和・宇野浩・山田英樹・星野和明・長濱成仁・熊谷淳一・山本純一・宮本貴史・大舘正裕・林隆洋・髙田浩次・山越亮欣・山田克敏・長谷川輝一・内山岳洋・西坂光司・坂東公彦・佐藤信秋・新井信之・吉原禎昭

あなたのサポートがチームの大きな力になります。

後援会事務局より

2023年度 後援会会員 募集中!

2022年度も温かいご支援を賜りまして、誠にありがとうございました。
2022年シーズン、チームはシーズン最終盤の7連勝、7年ぶりのプレーオフ進出など、最後まで諦めない戦いを見せてくれました。目標に向かってひたむきに努力を続ける選手達を、今後も会員の皆様とともに支えて参りたいと思います。
現在、2023年度会員様の募集を行っております。
今後とも温かいご支援、ご声援を賜りますよう何卒よろしくお願い申し上げます。

2023年度の会員特典等詳細はオフィシャルホームページ後援会ページをご確認下さい。

お問い合わせ
新潟アルビレックス・ベースボール・クラブ後援会事務局
TEL:025-250-5534　E-mail:staff8@niigata-abc.jp

新潟アルビレックス・ベースボール・クラブ後援会 会長挨拶

後援会員の皆様、2022年シーズンも温かいご声援を賜りまして、誠にありがとうございました。

今シーズン、チームは北地区2位で7年ぶりのプレーオフ進出を果たしました。地区チャンピオンシップで信濃グランセローズに敗れはしましたが、シーズン最終盤に7連勝を飾るなど、最後まで私たちを楽しませてくれました。

橋上監督の来シーズン続投も発表され、更にレベルアップした戦いを見せてくれるものと期待しております。

後援会としましても、球団の健全経営を支えるべく、更なる安定した収入基盤を構築し、チームを物心両面でサポートしていきたいと存じます。

今後も皆様の絶大なるご理解とご支援を心よりお願い申し上げます。

新潟アルビレックス・ベースボール・クラブ後援会
会長　塚田 一郎

新潟アルビレックス・ベースボール・クラブ後援会とは

新潟アルビレックス・ベースボール・クラブ後援会は、クラブを集客面、財政面で最大限バックアップすることを目的に活動しております。後援会からの財政支援金は、試合・キャンプ等の遠征費や、練習環境の整備など、様々な形となってチームを支えております。

また、新潟アルビレックス・ベースボール・クラブが参加しておりますBCリーグ（ベースボール・チャレンジ・リーグ）は、NPB（日本プロ野球機構　セ・リーグ加盟6球団、パ・リーグ加盟6球団）への入団を夢見る若者のチャレンジリーグです。どうか、夢に向かってチャレンジする若者たちをバックアップしていただければ幸いです。

ぜひ、後援会にご入会いただき、私たちと共にチームを支え、応援していただきますようお願い申し上げます。

◆年会費◆

個人ダイヤモンド会員	1口	55,000円（税込）
個人プレミアム会員	1口	33,000円（税込）
個人レギュラー会員	1口	11,000円（税込）
個人ライト会員	1口	3,300円（税込）
個人ジュニア会員	1口	1,100円（税込）

法人会員	1口	33,000円（税込）
チーム会員	1口	22,000円（税込）

※いずれも複数口のお申込が可能です

◆会　期◆

1月1日～12月31日

◆会員特典◆

- **ホームゲーム観戦チケット**
- **ホームゲーム先行入場権**

他、会員種別により様々な特典がございます。詳しくはオフィシャルホームページ（http://www.niigata-albirex-bc.jp/）をご参照下さい。

2022年度
会員数・会費収入状況

※2022年12月現在

	2022年度	2021年度	前年比
●個人ダイヤモンド会員	11口	12口	−1口
●個人プレミアム会員	20口	21口	−1口
●個人レギュラー会員	385口	399口	−14口
●個人ライト会員	59口	65口	−6口
●個人ジュニア会員	90口	82口	+8口
●法人会員	150口	126口	+24口
●チーム会員	5口	6口	−1口
会員数合計	720口	711口	+4口
会費収入	**10,853,700円**	**10,336,700円**	**+517,000円**

新潟アルビレックス・ベースボール・クラブへの財政支援について

皆様からお預かりしました会費は、後援会運営に必要な経費を除いた全額を新潟アルビレックス・ベースボール・クラブに財政支援しており、2021年度は、6,088,253円の財政支援を致しました。

その支援金は、バッティングネット（2009年）、ピッチングマシーン（2012年）、スピードガン（2014年）、製氷機（2016年・2020年）の購入など、選手の練習環境向上の為に使われ、2022年は、老朽化したピッチングマシーンの入れ替えを致しました。選手がより野球に集中できる環境づくりに、皆様からのご支援が充てられております。

また、2019年より新潟アルビレックス・ベースボール・クラブで実施しております、「ドリームキャッププロジェクト」の協賛金の一部として支援金が使われております。

新潟アルビレックス・ベースボール・クラブ後援会の主な活動

地区後援会サポートマッチの実施

ホームゲームでのボランティア活動、プレゼントのご提供など、地区後援会会員様のご協力・バックアップの下、各地区球場での一部ホームゲームを「地区後援会サポートマッチ」と銘打ち実施しております。

- 上越地区後援会サポートマッチ 4月29日（金・祝）・5月29日（日）上越市高田城址公園野球場
- 五泉地区後援会サポートマッチ 6月18日（土）・8月30日（火）五泉市営野球場
- 柏崎刈羽地区後援会サポートマッチ 7月2日（土）・7月3日（日）柏崎市佐藤池野球場
- 見附地区後援会サポートマッチ 7月24日（日）見附運動公園野球場
- 新発田聖籠地区後援会サポートマッチ 8月23日（火）・8月24日（水）新発田市五十公野公園野球場

地区後援会総会・交流会の実施

各地区で後援会総会・交流会を実施し、地区後援会員様と交流することによって、選手をより身近に感じていただき、会員数の増加・ホームゲームの観客増などチームのバックアップに繋げています。2022年も新型コロナウイルスの影響により開催はできませんでしたが、今後は状況を見極めながら、総会・交流会を再開していきたいと考えております。

アルビレックス各クラブご紹介

新潟には、新潟アルビレックス・ベースボール・クラブ以外にも、「アルビレックス」の名を冠して活動を展開する様々なクラブがあります。
サッカー、バスケットボールといった球技だけでなく、陸上、スキー・スノーボード、モータースポーツ、子ども向けスポーツ・体操教室、各クラブを応援するチア等、競技は多岐にわたります。
さらには、その活動エリアは新潟だけでなく、シンガポールやバルセロナといった世界にも広がりを見せています。
ここでは、新潟、そして世界を舞台にスポーツで地域を元気にするアルビレックスの各クラブをご紹介します。

アルビレックス新潟
＜サッカー／Jリーグ＞

創設：1996年　運営法人：株式会社アルビレックス新潟

アルビレックス新潟レディース
＜女子サッカー／WEリーグ＞

創設：2002年　運営法人：株式会社アルビレックス新潟レディース

アルビレックス新潟シンガポール
＜サッカー／シンガポールリーグ＞

創設：2003年　運営法人：Albirex Singapore Pte Ltd

アルビレックス新潟バルセロナ
＜サッカー／カタルーニャ州リーグ＞

創設：2013年　運営法人：Albirex Singapore Pte Ltd

新潟アルビレックスBB
＜バスケットボール／Bリーグ＞

創設：2000年　運営法人：株式会社新潟プロバスケットボール

新潟アルビレックスBBラビッツ
＜女子バスケットボール／Wリーグ＞

創設：2011年　運営法人：一般社団法人新潟アルビレックス女子バスケットボールクラブ

新潟アルビレックスランニングクラブ（新潟アルビレックスRC）
＜陸上＞

創設：2005年　運営法人：株式会社新潟アルビレックスランニングクラブ

チームアルビレックス新潟
＜スキー・スノーボード＞

創設：2004年　運営法人：株式会社チームアルビレックス

アルビレックスレーシングチーム（アルビレックスRT）
＜モータースポーツ＞

創設：2010年　運営法人：株式会社スピードパーク新潟

オールアルビレックス・スポーツクラブ
＜子ども向けスポーツ・体操教室＞

創設：2013年　運営法人：一般社団法人ジャパン・スポーツ・ラボラトリー

アルビレックスチアリーダーズ
＜チア＞

創設：2001年　運営法人：株式会社アイ・シー・オースポーツマーケティング

新潟アルビレックス・ベースボール・クラブ（新潟アルビレックスBC）
＜野球／BCリーグ＞

創設：2006年　運営法人：株式会社新潟アルビレックス・ベースボール・クラブ

2022年シーズン終了のご報告と御礼

株式会社新潟アルビレックス・ベースボール・クラブ　代表取締役社長 **池田 拓史**

2022年シーズンも熱いご声援をお送り頂きまして、ありがとうございました。今シーズンも新型コロナウイルス感染症の影響を大きく受け、大変厳しい社会状況の中での球団運営となりましたが、何とかシーズンを走り切れたことに対して感謝の気持ちでいっぱいです。この場をお借りして、スポンサーの皆様、株主の皆様、後援会の皆様、サポーターの皆様、ボランティアスタッフの皆様、球団を支えて下さる全ての皆様に、心より御礼申し上げます。

捲土重来を期し、橋上秀樹監督が掲げたチームスローガン「覚」の下で、7年ぶりのリーグ優勝を目指して努力して参りました。皆様のご理解とご支援のおかげで終盤に7連勝を飾り、北地区2位で7年ぶりのプレーオフ進出を果たすことができました。地区CSでは惜しくも敗れましたが、さらなる成長が楽しみな選手たちが躍動し、来シーズンの開幕を良い形で迎えられる手応えを感じております。

来シーズンこそ8年ぶりのリーグ優勝を果たすために微力を尽くすことを皆様にお約束しまして、御礼のご挨拶とさせて頂きます。さらに地方創生に寄与できる球団となれるよう、一層真摯に取り組んで参りますので、今後とも変わらぬご理解とご支援、ご指導ご鞭撻を心よりお願い申し上げます。

経営理念
“ふるさとのプロ野球”による地方創生

野球が持つあらゆる可能性をひたむきに追求し、
魅力あるプロ野球チームの継続的な運営を通じて、
新潟県の地域活性化と新潟県への地域貢献を実現し、
地方創生に寄与する。

球団職員・後援会職員ご紹介

❶出身地　❷生年月日／年齢　❸球団在籍年数
❹投打　❺血液型　❻経歴　❼前職　❽主な業務内容　❾皆様へのメッセージ

代表取締役社長

池田 拓史《いけだ ひろし》

❶新潟県南魚沼市（旧塩沢町）❷1981年8月10日／41歳❸15年❹右投右打❺B❻塩沢小（新潟県）→塩沢中（新潟県）→国際情報高（新潟県）→北海道大（北海道）❼リクルート（人材領域での営業職）→BCリーグ事務局❽経営企画全般、予算策定・予算管理、スポンサー営業等❾真の意味で地方創生に寄与できる球団となれるよう、志を高く持って邁進致します。

取締役会長

藤橋 公一《ふじはし こういち》

❶新潟県新潟市❷1948年5月20日／74歳❸17年❹右投右打❺B❻山の下小（新潟県）→山の下中（新潟県）→新潟商業高（新潟県）❼アルビレックス新潟後援会専務理事❽業務全般❾歳は忘れました（笑）。無理しないで頑張りますので、よろしくお願い致します。

取締役
総合営業部 部長 兼 編成部 部長

辻 和宏《つじ かずひろ》

❶静岡県袋井市（旧浅羽町）❷1983年5月13日／39歳❸11年❹右投右打❺O❻湯ヶ島小（静岡県）→東陽小（東京都）→浅羽南小（静岡県）→浅羽中（静岡県）→磐田南高（静岡県）→大阪体育大（大阪府）❼読売巨人軍ジャイアンツアカデミーコーチ❽スポンサー営業、チーム編成、野球塾運営・指導❾2023年シーズンは優勝します!!

総合営業部

内藤 真理子《ないとう まりこ》

❶新潟県長岡市（旧越路町）❷1983年11月8日／39歳❸15年❹右投右打❺O❻岩塚小（新潟県）→越路中（新潟県）→帝京長岡高（新潟県）→帝京大（東京都）→アップルスポーツカレッジ（新潟県）❼学生（アルビBCインターン生）❽スポンサー営業、ボランティア窓口、試合運営、地域貢献活動など❾地域の皆様と子どもたちに愛される球団を目指します!

総合営業部

山口 祥吾《やまぐち しょうご》

❶神奈川県秦野市❷1992年9月11日／30歳❸5年❹左投左打❺A❻秦野西小（神奈川県）→秦野西中（神奈川県）→立花学園高（神奈川県）→ロッテ（育成）→新潟❼新潟選手❽スポンサー営業、野球塾及び野球教室運営・指導、試合運営❾野球の力でたくさんの笑顔と幸せをお届けします!

総合営業部

中西 啓太《なかにし けいた》

❶和歌山県海南市❷1992年4月23日／30歳❸3年❹右投右打❺A❻南野上小（和歌山県）→東海南中（和歌山県）→星林高（和歌山県）→帝塚山大（奈良県）→新潟❼新潟選手❽スポンサー営業、後援会営業、野球塾及び野球教室運営・指導、試合運営❾30歳になっても野球に携われることに感謝しています!野球の可能性を地域と地域の子供たちに伝えます!

総合営業部

斉藤 雄太《さいとう ゆうた》

❶千葉県市川市❷1994年7月22日／28歳❸6年❹右投右打❺A❻曽谷小（千葉県）→市川市立第三中（千葉県）→市立船橋高（千葉県）→国際武道大（千葉県）❼学生❽スポンサー営業、広報、試合運営、野球塾及び野球教室運営・指導❾新潟、野球、そして新潟アルビレックスBCの選手たちの魅力をお伝えできるよう全力で頑張ります！

総合営業部

野﨑 裕太《のざき ゆうた》

❶福岡県小郡市❷1998年12月31日／24歳❸1年❹右投右打❺B❻のぞみが丘小（福岡県）→三国中（福岡県）→明善高（福岡県）→筑波大（茨城県）❼学生❽ポスター掲出ご協力店開拓営業、後援会営業、試合運営、野球塾運営・指導補助❾今シーズンも応援ありがとうございました!スポーツの魅力、そして野球の魅力をお伝えできるよう精進してまいります!

総務部 ／ 後援会事務局

小林 裕紀子《こばやし ゆきこ》

❶新潟県新潟市❷1975年4月15日／47歳❸14年❹右投右打❺B❻鏡淵小（新潟県）→白新中（新潟県）→新潟中央高（新潟県）→順天堂大（千葉県）❼アルビレックス新潟後援会スタッフ❽総務全般／後援会会員管理、総務全般❾2023年もチーム・フロント一丸となって新潟の野球を盛り上げます!

NIIGATA ALBIREX BASEBALL CLUB

新潟アルビレックス・ベースボール・クラブ オフィシャルイヤーブック2022
2022年12月31日 発行
発行：株式会社新潟アルビレックス・ベースボール・クラブ　〒950-0932 新潟県新潟市中央区長潟570番地 HARD OFF ECOスタジアム新潟内　TEL:025-250-5539
編集制作：株式会社新潟日報メディアネット　印刷：株式会社第一印刷所　表紙デザイン：有限会社インテグレート・グラフィックス
Special Thanks　編集協力：岡田浩人（新潟野球ドットコム）　ムロハシデザイン　株式会社第一印刷所　有限会社インテグレート・グラフィックス　株式会社アイ・シー・オー
カメラマン：岡田昭彦 金子光　50音順

地域の皆さまの暮らしに よりそう店舗でありたい

一九五二年（昭和二七年）にふるさと三条市に創業し、燃料販売を経て、一九七七年にホームセンター事業に参入いたしました。豊かな暮らしのお役に立ちたいと願い、おかげさまで、46都道府県に一二一五店舗を展開しています。

地域によりそい、季節によりそい、人によりそい、住まいによりそう。もっと多くの人々の豊かで快適な暮らしのために、私たちは歩き続けてまいります。

いつもそばに、ずっと

コメリ

株式会社 コメリ

〒950-1492 新潟市南区清水4501-1

TEL.025-371-4111

https://www.komeri.bit.or.jp/

コメリのアプリ

KOMERI.COM

9784861328176

1920075009090

ISBN978-4-86132-817-6

C0075 ¥909E

定価1,000円（本体909円+税）